ARNE KOPFERMANN

MITTEN AUS
DEM LEBEN

Wenn ein Sturm deine Welt aus den Angeln hebt

INHALT

VORWORT

Dies ist ein besonderes Buch. Ich schaue bei Büchern und Filmen immer, ob die Geschichte auf einer wahren Begebenheit beruht. Dies hier ist eine wahre Geschichte aus dem Leben. Besonders ist das Hauptereignis: Der plötzliche Tod eines fast elfjährigen Mädchens. Besonders ist der Autor, der Vater des Kindes: Musiker, Songschreiber und Musikproduzent. Er ist zudem Christ, singt, erzählt und schreibt schon lange über seinen Glauben. Dann die Katastrophe: der Unfall! Wie damit umgehen? Wie geht es der Familie? Wie wird er das verarbeiten? Ein Künstler im öffentlichen Raum hat den Vor- und Nachteil der Aufmerksamkeit vieler anderer Menschen.

Von all dem und noch mehr erzählt dieses Buch sehr offen. Der Mut, auch heikle Dinge und unangenehme Erfahrungen beim Namen zu nennen und darüber zu schreiben, ist eine segensreiche Gabe. Ich höre als Psychotherapeut beruflich öfter von schweren Schicksalsschlägen und deren Auswirkungen. Welche Rolle eine Psychotherapie bei der Bewältigung spielen kann, schildert das Buch aus der Sicht des Patienten.

Dieses Manuskript habe ich als Therapeut oft mit feuchten Augen und emotionaler Betroffenheit gelesen. Ich kannte die meisten Details bereits aus der Therapie mit dem Autor. Aber die Dichte, alles noch einmal auf wenigen Seiten komprimiert zu lesen, hat mich berührt. Ich selbst musste oft an den Tod unseres 15-jährigen Sohnes vor 17 Jahren denken und fühlte mich an die Anfänge meines Trauerprozesses erinnert.

„Der Herr hat's gegeben, der Herr hat's genommen; der Name des Herrn sei gelobt!" So beschreibt die Lutherbibel in Hiob 1, Vers 21 die Trauerreaktion um den Tod der Kinder von Hiob. Wie dies ein Mensch und Christ in der heutigen Zeit nach einer solchen Katastrophe von Tag zu Tag durchbuchstabiert, ist der zentrale Inhalt dieses Buches. Es ist eine besondere Gabe des Autors, diese Momente, die man in der Trauer erlebt, auch für Außenstehende nachvollziehbar zu machen. Gleichzeitig ist es – wie bei Trauer immer – ein sehr persönlicher Prozess, in dem jeder anders reagiert. Auch der Trauernde selbst erlebt sich in diesem Prozess oft zu unterschiedlichen Zeiten sehr verschieden.

Dieses Buch ist sowohl für Betroffene als auch für Angehörige und Freunde von Trauernden geeignet. Es bietet eine sehr reflektierte Hilfe für Außenstehende im Umgang mit Trauer. Nach meiner persönlichen Erfahrung, auch in Therapien, ist dies ein schwieriges Thema in vielen Gemeinden. Sie wollen den Kontakt zur modernen Welt der Eventsuche und des persönlichen Glücks nicht verlieren und geben sich fröhlich und optimistisch. Leid und Trauer sind da eher gemiedene Themen. Ich hoffe und bete deshalb für eine Verbreitung und Diskussion dieses Buches in den Kirchengemeinden.

Die Dankbarkeit dafür, diesen bewegenden, noch im Gang befindlichen Trauerprozess so nahe miterleben zu können, hat mich schon durch die Therapie mit dem Autor begleitet. Ein anderes Thema war und ist die Unverfügbarkeit Gottes, die Frage: „Wie kann Gott dies zulassen?"

Wie gläubige Menschen mit dieser Thematik umgehen ist auch immer wieder eine Frage von Außenstehenden. Eine ehrliche, tiefe Auseinandersetzung mit diesem Dilemma in sehr persönlicher Weise ist in diesem besonderen Buch zu finden. Es gibt keine platten Antworten und lässt Raum für das Geheimnis. Dieser für uns oft dunkle Gott hinterlässt seine Fußspuren in unserem Leben. Wie das zum Segen werden und Gott sei Dank auch bei der Bewältigung helfen kann, ist eindrucksvoll beschrieben.

Die Lesereise durch diese oft schweren Zeiten löst hoffentlich auch in Ihnen Dankbarkeit aus und lässt Sie bereichert und berührt weiter durch dieses Leben gehen.

Oberursel Mai 2017
Dr. Franz Ebner

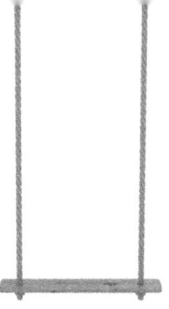

KAPITEL 1

DER TRAUER INS AUGE SEHEN

Liebe Freunde, heute Morgen haben wir drei und Tante Maren von unserer kleinen Sara Abschied genommen. Ganz sanft hat ihr Herz aufgehört zu schlagen. Der Friede Gottes, welcher höher ist als alle Vernunft, bewahre unsere Herzen und Sinne in Jesus Christus (Phil. 4,7). Bitte hört nicht auf, für uns zu beten.
Arne, Anja & Tim – am 13.9.14

Noch immer schießen mir die Tränen in die Augen, wenn ich in meinen E-Mails stöbere und wie zufällig wieder auf den Tag stoße, der das Leben meiner Familie für immer verändert hat. Der Tag, an dem wir unser Mädchen in Gottes Hände legen mussten. Hunderte von Menschen haben uns geschrieben und noch eine Vielzahl mehr buchstäblich auf allen Kontinenten dieser Erde mit uns und für uns um ein Wunder gebetet. Das Wunder ist ausgeblieben. Tim hat seine Schwester verloren. Und Anja und ich sind seit jenem Samstag im September 2014 gezwungen, den schwersten Weg zu gehen, den sich Eltern vorstellen können: das eigene Kind vollständig loszulassen.

Wenn man seine Eltern verliert, macht einen Menschen das in der deutschen Sprache zur Waise. Seinen Ehepartner zu verlieren, zum Witwer oder zur Witwe. Für den Verlust des eigenen Kindes gibt es im Deutschen jedoch kein Wort. Auch nicht für den eines Geschwisterteils. Denn die Vorstellung, dass das eigene Kind vor einem selbst stirbt, ist zu schrecklich und die Reihenfolge zu unnatürlich.

Man behilft sich mit Begriffen wie „Verwaiste Eltern" oder „Trauernde Eltern", aber die Ohnmacht, diesen Verlust in Worte zu fassen, kommt nicht von ungefähr.

Ein Kind ist uns Eltern zum Schutz anbefohlen. Nicht nur in den Babyjahren, wenn es ganz und gar auf die körperliche und seelische Versorgung durch die Eltern angewiesen ist. Sondern auch später, in den Jahren des Heranwachsens auf dem Weg zum eigenständigen Leben. Und selbst dann hört bei uns das Empfinden nie auf, dafür verantwortlich zu sein, dass es unserem Kind gut geht. Wenn dieser Schutz aber von einem Moment zum nächsten nicht mehr greift, obwohl es doch in meiner Hand gelegen hätte – dann fehlt dafür jedes Wort...

Im Vorwort des Buches „Meine Gedanken sind bei Dir" der McDonald's Kinderhilfe Stiftung heißt es: *Sie haben eine der schmerzlichsten Erfahrungen gemacht, die es für Menschen auf dieser Welt geben kann – Ihr Kind ist gestorben. Dieser Tod ist so unfassbar, denn wir gehen davon aus, dass Kinder ihre Eltern überleben. Wir gehen davon aus, dass Eltern die Aufgabe und die nötige Zeit haben, ihre Kinder auf ihrem Weg in und später durch das Leben zu begleiten. Wenn dieser gemeinsame Weg nicht mehr möglich ist, sterben unsere Träume und Hoffnungen für unser weiteres Leben. Oft können wir uns nicht vorstellen, dass unser Leben jemals wieder einen Sinn bekommen wird.*

Und doch, auch wenn wir nicht wissen, wie, müssen wir diesen Weg unseres Lebens weitergehen. Schritt für Schritt, so schwer es auch sein mag. Diesen Weg, der zunächst ausschließlich und später immer wieder von der Trauer um unser Kind geprägt sein wird, muss jeder für sich finden. Es gibt keinen richtigen oder falschen Weg im Umgang mit unserer Trauer. Hilfreich kann nur sein, einen eigenen individuellen Weg so anzunehmen, wie er ist. Ja zu sagen zu sich und allen Gefühlen. Zu den Tränen und der Verzweiflung. Der Wut und den möglichen Schuldgefühlen. Zu dem Neid und dem Gefühl der Ungerechtigkeit. Aber versuchen Sie, in Ihrem Schmerz auch anderen Familienmitgliedern ihren Weg der Trauer zu lassen, selbst wenn er so ganz anders als Ihr eigener zu sein scheint."[1]

In Deutschland sterben jährlich rund 25 000 Kinder und junge Erwachsene. Das Gros betrifft potenzielle Führerscheininhaber. Vom Babyalter bis 15 Jahren sterben jährlich 5500 Menschen. Dazu kommen Fehlgeburten, Totgeburten und medizinisch indizierte Schwangerschaftsabbrüche. Noch viel schlimmer traf es jedoch Menschen vor ein paar hundert Jahren. Im Mittelalter starb in Europa etwa jedes fünfte Neugeborene vor seinem ersten Geburtstag, und nur die Hälfte der Kinder wurde älter als 10 Jahre. Die durchschnittliche Familie musste die Hälfte ihrer Kinder begraben, wenn sie noch klein waren, und die Kinder starben selbstverständlich zu Hause, vor den Augen und Herzen ihrer Eltern und Geschwister.

Statistisch gesehen sind wir mit unserer Not also nicht ganz allein. Aber es ist die eine Sache zu wissen, dass auch andere

---

1 Claudia Berning/Sonja Heyder/Iris Neumann-Hohlbeck: Meine Gedanken sind bei Dir, München 2008

Menschen einen ähnlichen Verlust erleiden mussten – und eine ganz andere, damit umgehen zu lernen, wenn das Schicksal die eigene Familie trifft.

Dieses Buch erzählt nur von der ersten Teiletappe meiner Trauer – denn ich habe mich mit dem Gedanken einrichten müssen, dass die Folgen dieses Verlustes uns als Familie das restliche Leben begleiten werden. Und ich habe mich in Absprache mit meinen Lieben und engen Freunden bewusst dazu entschieden, das Buch in einer Phase zu schreiben, in der es sich noch nicht so anfühlt, als würde ich das Leben schon langsam wieder unter den Füßen haben. Als hätten wir das Schlimmste schon hinter uns gebracht. Was oft mit einer Sprache einhergeht, die so verarbeitet, distanziert und abgeklärt klingt, dass sie sich für den akut Trauernden wie ein Schlag ins Gesicht anfühlen kann. Kluge Ratgeberbücher gibt es wohl schon mehr als genug.

Ein Jahr vor unserem Unfall haben wir als Familie unsere Freunde Tanja und Matthias mit ihren Kindern in Kalifornien besucht. Dort gingen wir mit ihnen in einen der Gottesdienste der *Saddleback*-Gemeinde – eine der zehn größten Kirchen in den USA. An diesem Samstag predigte das leitende Pastorenehepaar Kay und Rick Warren zum ersten Mal wieder. Sie hatten davor eine viermonatige Auszeit genommen, nachdem ihr Sohn Matthew sich im Alter von 27 Jahren das Leben genommen hatte. An diesem Wochenende begannen sie die Predigtreihe „How you are getting through what you are going through" – „Wie man durch die schweren Zeiten hindurchkommt, die man durchleben muss."

Kurz nach dem Unfall erinnerten Anja und ich uns an diese Predigt und begannen, die Podcasts der Warrens auf iTunes anzuhören, denn uns waren Rick Warrens Worte noch im Ohr geblieben: *„Jeder, der heute zuhört, befindet sich in einer von drei Phasen: Entweder, du kennst jemanden persönlich, der gerade mitten in einer existenziellen Lebenskrise steckt, oder du befindest dich selbst im Moment in einer solchen Lebenskrise, oder dir ist es noch nicht bewusst, aber du steuerst auf eine solche zu. Denn diese Krisen kommen ohne Vorwarnung und passieren immer wieder im Leben."*[2]

Natürlich kann man sich auf einen Verlust wie den unseren nicht im eigentlichen Sinne „vorbereiten". Denn ein Mensch, der ständig mit dem Schlimmsten rechnet, wird sich nicht mehr seines Lebens freuen können und vermutlich schon allein über seinen Ängsten und dunklen Vorahnungen depressiv oder krank werden. Aber es ist etwas anderes, bewusst mit dem Wissen zu leben, dass persönliche Verluste zum Leben dazugehören. Dabei muss es sich nicht um den Verlust eines geliebten Menschen handeln, auch wenn das zwangsläufig irgendwann einmal passieren wird. Es kann auch der Verlust eines Lebenstraumes sein, der Verlust meiner Arbeit, das Zerbrechen einer mir sehr wichtigen Beziehung in Familie, Freundschaft, Partnerschaft oder Ehe – oder eine Krankheit, unter der wir zu leiden haben. Solche Erfahrungen können wir nicht vermeiden, aber wir haben die Wahl, wie wir auf sie reagieren. Ob wir sie betrauern oder nicht.

Ich habe mich entschieden, meiner persönlichen Trauer mit offenen Augen entgegenzutreten. Den Schmerz anzuschauen und mich nicht abzuwenden. So war eines meiner ersten Gebete, das ich im Krankenhaus gesprochen habe: *„Herr, hilf mir, in all dem Unfassbaren, was mit uns passiert, nicht hart und bitter*

---

2 übersetzt vom Autor. Rick Warrens Podcasts finden sich hier:
https://itunes.apple.com/WebObjects/MZStore.woa/wa/viewPodcast?id=
664894243&i=163337685

*zu werden. Lass mich dich ‚wahr'-nehmen und weich und empfind-
sam bleiben.*"

Und so füllen sich diese Seiten auch beharrlich mit Tränen,
während ich zu Papier bringe, was ich damals direkt nach dem
Verlust empfunden habe, was in der ersten Zeit danach – und
auch, was ich jetzt, zweieinhalb Jahre nach Saras Tod, immer
noch empfinde. Ich erwarte von niemandem, es genauso zu
machen wie ich, denn wer das tut, ist wohl ein Seelenverwand-
ter, von denen wir im Leben nur wenige treffen. Selbst die engsten Angehörigen verarbeiten ihren Schmerz ganz unterschiedlich, und Trauer kann eine solche Geißel sein, dass man sich
von ihr immer wieder bewusst abwenden muss, um den Überlebenswillen nicht zu verlieren.

**Ich möchte mit meinem Buch denen eine Stimme leihen, die
selbst durch die erdrutschartige Erfahrung eines überwältigen-
den persönlichen Verlustes gehen müssen und sich – genauso
wie ich – dieser Aufgabe in keiner Weise gewachsen fühlen.**

Die manchmal verzweifelt resignieren und dann wieder hoffnungsvoll kämpferisch den Weg zurück ins Leben suchen und
die Zerreißprobe zwischen Zweifel und Glaube, Selbstkasteiung
und Selbstannahme, Eigen- und Fremdtrauer, Orientierungs-
suche und Bewusstsein der eigenen Bestimmung nur allzu gut
kennen. Ich möchte Mut machen, ehrlich zu sein und keine vor-
schnellen Antworten zu geben. Geduldig zu sein mit sich selbst
und mit anderen. Dem übermäßigen Drang nicht nachzugeben,
ad hoc alles verändern zu wollen, weil ja nichts mehr ist, wie es
einmal war. Aber sich auch nicht der Chance einer prozesshaf-
ten Veränderung zu verschließen.

Mein Vater hat mir den Satz mitgegeben, dass er ein lebenslang Lernender sein möchte. Und ich entdecke inmitten meines

größten persönlichen Verlustes die Möglichkeit, mich verändern zu lassen. Stärker als vorher. Der ausschlaggebendste Grund dafür ist vermutlich, dass ich mich nicht mehr annähernd so stark von der Meinung und Wertschätzung anderer Menschen von mir abhängig mache. Dass mir nicht mehr so wichtig ist, wie sie mich sehen. Denn ich kann nicht von ihnen erwarten, dass sie verstehen, was in mir vorgeht. Das kann ich ja nicht mal von meiner engsten Familie erwarten.

Dieser zunächst sehr einsame, isolierte Zustand ermöglicht auf den zweiten Blick Veränderung. **Mein Stolz ist auf so vielen Ebenen gebrochen, dass es mir nichts mehr ausmacht, schwach dazustehen. Die Hilfe von anderen anzunehmen. Zuzugeben, dass ich ergänzungsbedürftig bin. Mich nicht mehr mit meinen gut einstudierten Selbstrechtfertigungssätzen zufrieden zu geben. Aber auch nicht alles über den Haufen zu werfen, was sich für mich über die Jahre als gut und richtig herauskristallisiert hat.**

Albert und Andrea, zwei langjährige Kollegen von mir und bemerkenswerte Menschen, haben ihre musikalische Tätigkeit mit dem Claim „Von der Herrlichkeit Gottes und der Zerbrechlichkeit des Menschen" überschrieben. Ich finde diesen Zweiklang sehr treffend, und er wird in diesem Buch großen Raum einnehmen.

Es ist ein Buch über den Umgang mit Trauer und Verlust, Schuld und Veränderung. Es ist aber auch ein Buch über meinen Glauben und eine ehrliche Bestandsaufnahme, welchen Veränderungen dieser Glaube in den letzten Jahren unterworfen war. Dass er sich verändert hat, heißt auch, dass er weiter zu mir gehört. Vielleicht sogar noch bewusster, allumfassender und existenzieller. Aber ich werde nicht verschweigen, dass so ein einschneidender Verlust die eigene Vorstellung von Gott oder sogar die Beziehung zu Gott wenigstens phasenweise in Frage stellen und auf jeden Fall verändern wird.

Wir neigen dazu, uns für alle elementaren Dinge des Lebens Systeme zu schaffen, in denen wir unsere eigene Erlebniswelt einordnen und ihr so Sinn verleihen. Wenn die Grundfesten aber erschüttert werden, greifen oft auch die Systeme nicht mehr, die wir über viele Jahre gepflegt haben. Die eigene Wirklichkeit jetzt aus der Perspektive des Verlustes ehrlich anzuschauen gehört zu den besonders schmerzhaften Aufgaben des Trauernden. Das kann sich mitunter sehr nackt anfühlen.

„Des Kaisers neue Kleider" ist ein bekanntes Märchen des dänischen Schriftstellers Hans Christian Andersen aus dem 19. Jahrhundert. In dieser Parabel erzählt er die Geschichte eines Kaisers, der sich von zwei Schneidern für viel Geld neue königliche Kleidung anfertigen lässt. Die Schneider sind aber Betrüger. Sie reden ihm ein, die neu geschneiderten Kleider seien nicht gewöhnlich und könnten daher nur von hochherrschaftlichen Menschen gesehen werden. Nur wer seines Amtes würdig sei und nicht dumm wie der normale Pöbel, wisse sie zu schätzen. So geben die Schneider am Ende nur vor, dem Kaiser irgendwelche Kleidung zu überreichen, und betrügen ihn nach Strich und Faden. Doch aus Eitelkeit und innerer Unsicherheit gibt er nicht zu, dass er seine kaiserliche Robe selbst nicht sehen kann. Und auch die Menschen im Hofstaat und im gemeinen Volk, denen er seine neuen Gewänder präsentiert, heucheln Begeisterung über die angeblich einzigartig schönen Stoffe. Der Schwindel fliegt erst bei einem Festumzug auf, als ein Kind auf einmal auf den Kaiser zeigt und laut ruft: „Der ist ja nackt!"

Erst jetzt fällt es auf einmal allen wie Schuppen von den Augen. Doch als der Kaiser spürt, dass die bittere Wahrheit ans Licht gekommen ist, entscheidet er sich dazu, gute Miene zum bösen Spiel zu machen und den Schein zu wahren. Er setzt zusammen mit seinem Hofstaat die Parade fort, als sei nichts geschehen.

Manchmal können sich die uns überlieferten Glaubenssysteme genauso überzeugend und stringent anhören... bis uns das Leben zwingt, uns nicht mehr leichtgläubig und unkritisch mit den Erklärungsansätzen vermeintlicher geistlicher Autoritäten zufriedenzugeben, sondern aus freien Stücken um einen Glauben zu ringen, der auch den Krisen und Ausnahmezuständen unseres Lebens und seinen Begrenzungen standhält.

Wie wunderschön ist es dann zu sehen, wenn auf dem Weg das eigene kindliche Vertrauen nicht verloren geht, sondern am Ende des Ringens Gott noch größer und gewaltiger dasteht als vorher. *Denn so hoch, wie der Himmel über der Erde ist, so viel höher sind seine Gedanken als unsere Gedanken und seine Wege als unsere Wege* (nach Jesaja 55,9).

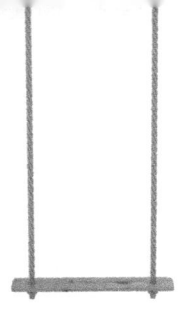

KAPITEL 2

SARA

Dann seh ich dich

Ich wär so gern schon mal im Traum zu dir geflogen
In dieses einzigartig schöne Land
Hinter dem Horizont, weit hinterm Regenbogen
Ich hielte lachend deine Hand
Du würdest mir all deine Lieblingsecken zeigen
Und Farben, die man hier nicht finden kann
Ganz ausgelassen hoch auf bunte Wolken steigen
So fühlt sich wohl dein Himmel an

Der Tag, er kommt bestimmt
Wenn wir zusammen sind
Wenn sich die Lücke schließt
Dann seh ich dich, mein Kind

Du bist unsagbar früh von hier weitergezogen
Dorthin, wo jetzt schon deine Heimat ist

Hinter den Horizont und auch den Regenbogen
Wo du wohl restlos glücklich bist

Ich würde mich so gern an deine Seite träumen
In diese unbeschreiblich schöne Welt
Und nicht gestrandet sein in Zeiten und in Räumen
Wo du mir noch so lange fehlst

Der Tag, er kommt bestimmt ...

Denn der Schmerz und die Schönheit
sind zwei Seiten einer Münze
Ja, das Leid und der Glaube
widersprechen sich nicht
Da ist kein Licht ohne Schatten
Kein Vertrauen ohne Zweifel
Doch am Ende steht Schönheit
Und der Schatten verweist aufs Licht
Ja, der Schatten verweist aufs Licht

Sara wäre am Tag nach ihrem Tod elf Jahre alt geworden. Sie stand an der Schwelle zur Pubertät, war aber noch ganz Kind. Und sie bleibt für uns und alle, die sie kannten, ein einzigartiges Mädchen. So wie jeder Mensch auf dieser Erde einzigartig ist. Und unersetzbar.

Es fällt mir sehr schwer, in Worte zu fassen, was ich als Vater für meine Tochter empfinde. Auch heute noch, wo ich voller Schmerz feststelle, dass manche Erinnerungen an sie bereits zu verblassen beginnen. Weil in meiner Wahrnehmung von ihr die

Zeit stehen geblieben ist. Sie war meine einzige Tochter. Und wir waren uns sehr ähnlich. Diese gemeinsamen Wesenszüge werden uns bis zu meinem Lebensende auf besondere Art und Weise verbinden.

Sara wusste, dass ich sie als Papa heiß und innig liebte. Und wenn sie in jüngeren Kinderjahren der Ausdruck dieser Vaterliebe ab und zu genervt hat, hab ich sie spielerisch durchs halbe Haus gejagt. Und am Ende fest gedrückt, auf die Wange geküsst und einen Satz gesagt, der bald zum geflügelten Wort zwischen uns geworden ist: „Papas müssen küssen!"

Sara war extrovertiert und keck, lebensfroh und lustig, verschmitzt und laut, aufgeweckt und aufgedreht. Sie erfüllte unser Haus und jeden Raum, in dem sie sich aufhielt, mit Leben. Sie hatte ein süßes, glucksendes Lachen und lachte gern und oft. Damit konnte sie die Menschen anstecken, und es war fast unmöglich, sie nicht gern zu haben. Sie handelte impulsiv und nur ganz selten berechnend, war sehr direkt und machte sich oft über die Folgen ihres Handelns keine Gedanken. Ihre Emotionen brachte sie oft so vehement zum Ausdruck, dass es ihr in unserer Familie den Spitznamen „Drama Queen" einbrachte. Aber sie war im selben Maße mitfühlend und besorgt, wenn es jemandem nicht gut ging. Sie kleckerte oft, hinterließ in ihrem Zimmer und an anderen Orten eine Spur der Verwüstung und war auch sonst recht tollpatschig, was ihrem Selbstbewusstsein aber anscheinend keinen Abbruch tat.

Im Laufe der Jahre haben wir einige weitere Spitznamen für sie gefunden: Lotta, Charlotte oder Saralabalotta. Hätten wir ihren Namen erst ausgesucht, nachdem wir sie ein paar Jahre kannten, wäre uns das freche „Lotta" als Zweitname wohl bezeichnender vorgekommen als das zarte „Sara Marie", obwohl

Marie von der ursprünglichen Wortbedeutung auch „die Widerspenstige und Ungezähmte" heißt. Und das trifft ihren Charakter sehr gut, denn sie hatte extrem viel Energie und brauchte vermutlich auch deswegen weniger Schlaf als andere Kinder. Den wollte sie allerdings auch Zeit ihres Lebens nicht sonderlich gern in ihrem eigenen Zimmer finden, sondern lieber in den Armen ihrer Mama. Wir bekamen also über all die Jahre häufig nächtlichen Besuch, und oft zog meine Frau nachts in Saras Zimmer um. Nur gut, dass Anja die Gabe besitzt, schnell wieder einzuschlafen.

Sara hatte eine so blühende Fantasie, dass es ihr abends oft schwergefallen ist, zur Ruhe zu kommen, weil ihr Filme, Bücher, Theaterstücke und die Erlebnisse des Tages in den schillerndsten Farben nachgingen. Sie liebte die Aufmerksamkeit anderer Menschen und kletterte schon in frühen Jahren ungeniert zu Papa auf die Bühne hoch, wann immer sie bei einem Konzert dabei war.

Später fand sie Freude daran, ein fester Bestandteil der „Burgspielschar" zu werden, einer Laienschauspielgruppe in unserem Wohnort. Von Kindergartentagen an liebte sie es, sich bei Aufführungen in Szene zu setzen, und ließ sich nur sehr ungern auf weniger als die Hauptrolle ein. Auch im Gymnasium wollte sie unbedingt in die „Singklasse" ihres Jahrgangs und liebte die Auftritte dort. Sie genoss die Teilnahme an Sing-Freizeiten und die Mitwirkung beim gemeindlichen Krippenspiel in der Weihnachtszeit.

Sara hatte keine Scheu, vor vielen Menschen zu sprechen, denn Worte waren ihre vorrangige Ausdrucksform. Sie redete viel, war aber auch sehr redegewandt. Sie erfand Geschichten und schrieb sie auf, liebte es, aus spannenden Büchern vorgelesen zu bekommen und Hörspiele und später TV-Serien wieder und wieder zu hören und zu sehen. Mit neun Jahren begann sie ihr erstes Lied zu schreiben, als eine andere Sara, eine befreundete Sängerin, zu einer Studiosession bei uns im Haus war und unser Mädchen sie am Abend fragte, ob sie ihr beim Komponieren helfen würde.

Sara sang sowohl zu Hause als auch bei Freunden leidenschaftlich gerne und oft in Dauerschleife – sie war nicht zu stoppen, wenn sie ein Lied liebte.

Ich habe seit ihren Babyjahren immer an Saras Bett mit ihr gesungen, und als sie zwei Jahre alt war, ein ganz einfaches Schlaflied komponiert: „Watch Over Me", das ursprünglich für eine englische Produktion gedacht gewesen war. Über die Jahre hat sie das Lied liebgewonnen, und als ich im Frühjahr 2014 eine deutsche Version davon geschrieben habe, bin ich dazu übergegangen, diese Fassung an ihrem Bett zu singen.

Aber schon beim ersten Mal war Sara mit dem Text nicht ganz zufrieden und fand, ich müsste zwei Reime ändern. Den Gefallen habe ich ihr gern getan, denn ihre Zeilen waren einfach besser! Im „Feiert Jesus Kids"-Liederbuch unter der Nummer 184 erschien dann 2015 „Gib auf mich acht" – ein Lied über Schutz in der Nacht und das einzige, das ich in diesem Leben mit meiner Tochter zusammen schreiben konnte. Ich wünschte, Sara hätte das noch erlebt. Sie wäre so stolz gewesen...

Aber sie sang nicht nur ständig, sie malte auch gern – und wenn, dann meist fröhliche Bilder. Das war für uns umso bemerkenswerter, da diese Leidenschaft wohl eine Generation übersprungen haben muss. Ihre beiden Omas malen gerne und gut, aber Anja und ich haben für Pinsel, Acryl und Kohlestift wohl eher zwei linke Hände.

Sara war kämpferisch, wenn sie etwas ungerecht fand oder sich eine feste Meinung gebildet hatte. Wenn sie sich etwas in den Kopf gesetzt hatte, verfolgte sie es auch mit der unserer Familie eigenen Hartnäckigkeit.

So hat sie im Sommer 2014, nur wenige Wochen vor ihrem Tod, beschlossen, unbedingt den „Junior Open Water Diver"-Tauchschein machen zu wollen. Sie ließ sich durch keines unserer Argumente wie den hohen Preis oder die mangelnde Gelegenheit zum Tauchen bei uns zu Hause davon abbringen. Stattdessen nahm sie in ihren Ferien die sehr frühen Aufstehzeiten und das Durcharbeiten eines quälend langen Theoriebuches in Kauf, das auch die erwachsenen Kursteilnehmer lesen mussten. Den Kurs hat sie dann ganz allein durchgezogen, ohne eine Freundin oder ein Familienmitglied an der Seite zu haben. Sie war so geknickt, als kurz vor Ende des Kurses eine sich anbahnende Erkältung dem erfolgreichen Abschluss im Weg zu stehen drohte. Und stolz wie Oskar, als sie schließlich am letztmöglichen Tag am Urlaubsort doch noch das Zertifikat in Händen hielt.

Sara hatte keine Scheu davor, Dinge zu tun, auch wenn sie ihr nicht lagen. Sie war beispielsweise nicht besonders sportlich, aber nahm um ihrer Freundinnen willen sogar an Wettkämpfen teil. Sie ließ sich nicht anmerken, dass es ihr etwas ausmachte, etwas abgeschlagen unter „ferner liefen" anzukommen, weil sie ganz im Moment sein konnte und sich sofort an den Erfolgen ihrer Freunde mitfreute.

Auch hatte sie die Gabe, rasend schnell Bekanntschaften zu schließen. Im Urlaub war sie immer die erste von uns, die andere Kinder kennenlernte. Mehrfach geschah das schon am Tag der Anreise frühmorgens in der Schalterhalle am Flughafen, während Eltern und Bruder noch Streichhölzer brauchten, um ihre Augen aufhalten zu können. Und mit der neu gewonnenen Freundin wurde dann der gesamte Urlaub verbracht.

Sara hatte eine sehr starke Bindung an unsere Familie: an mich, besonders ausgeprägt aber an ihre Mama, mit der sie ein beinahe symbiotisches Verhältnis verband. Ich vergleiche die Innigkeit ihrer Beziehung immer gerne mit der Mutter-Tochter-Beziehung von Lorelai und Rory von den „Gilmore Girls" – eine Fernsehserie, die Sara von Herzen liebte und deren Episoden sie wieder und wieder anschaute. Anja und Sara waren ähnlich unzertrennlich, und obwohl Sara ein großes Herz hatte, in dem viele Menschen Platz fanden, gehörte ihrer Mama der Ehrenplatz.

Ein Klassiker war allabendlich die Verhandlung, wer sie ins Bett bringen darf: Sara hatte das seltene Talent, 80 % Mama und 20 % Papa so darzustellen, als wäre es in Wirklichkeit ein fairer

50/50-Split. Auch ihre Tante Maren und ihre Oma Helga wurden von ihr heiß geliebt. Diese Liebe brachte sie gern zum Ausdruck, in dem sie immer wieder kleine Kärtchen schrieb und der Person aufs Kopfkissen oder den Schreibtisch legte.

Eine dieser Grußkarten wurde für ihre Oma Helga zum Vermächtnis, die am Tag unseres Unfalls von einer mehrtägigen Auslandsreise zurückkam. Sara hatte sich wenige Tage zuvor auf der Durchreise zu unserem Feriendomizil an der Ostsee für eine Weile in Omas Schlafzimmer zurückgezogen, und als Helga am Abend ihrer Rückkehr die Bettdecke zurückschlug, fand sie eine Karte von Sara: „Ich hab dich lieb, Oma!"

Sie war in unserer Familie eine Verbinderin; sie hatte das Gemeinwohl vor Augen und ist dafür auch immer wieder Kompromisse mit ihren eigenen Vorlieben eingegangen, solange dadurch nur eine gute Atmosphäre herrschte oder möglichst viele glücklich gemacht werden konnten. Und obwohl sie für ihre Interessen kämpfte und empfundene Ungerechtigkeit deutlich beim Namen nannte, war sie selten nachtragend. Sie konnte sehr großzügig sein und teilte sogar ab und zu ihr Taschengeld mit ihrem Bruder, wenn der gerade klamm war. Gab von ihren Süßigkeiten ab, auch wenn sie die besonders gern mochte. Oft sagte sie zuerst „Nein", und das auch mit dem ihr eigenen Nachdruck, aber am Ende half sie, teilte und lenkte ein.

Sie durchlief in unserer Kirchengemeinde, der Ichthys-Gemeinde in Frankfurt, alle Kindergruppen und war zum Schluss Teil der „Jesus Girls" – der Glaube war schon früh ein natürlicher Bestandteil ihres Lebens. Beim Mittagessen und zur Nacht, aber auch, wenn wir auf eine längere Reise gingen, hat sie oft das Wort ergriffen und gebetet – mal aus Ungeduld, um endlich essen zu können, dann wieder, wenn die Atmosphäre gerade angespannt war. Beten fiel ihr nicht schwer.

Als ich im Jahr 2008 mein Album „Geheimnisvoller Gott" veröffentlichte, war sie gerade fünf Jahre alt. Im Vorfeld der Veröffentlichung hat sie sich mit Anja über das Cover unterhalten, auf dem ein kleiner Junge vor einem lichtdurchfluteten Vorhang steht.

„Mama, was ist hinter diesem Vorhang?"

„Das wissen wir nicht!"

„Ich glaube doch: Gott!"

Kurz darauf, auf den Tag genau sechs Jahre vor dem Unfall, kamen wir auf Menschen im hohen Alter zu sprechen, und ich sagte: „Sara, ich kenne niemanden, der über hundert Jahre alt ist und noch lebt!"

„Ich aber. Gott ist doch über hundert Jahre alt und lebt im Himmel!"

Und irgendwann im Sommer 2013 lagen Mutter und Tochter abends gemeinsam im Bett, als Sara den denkwürdigen Satz sagte, der uns noch lange im Herzen bleiben wird:

„Mama, manchmal habe ich das komische Gefühl, dass ich gar nicht hierher gehöre – hier in diese Welt..."

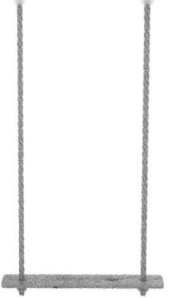

KAPITEL 3

DER TAG, AN DEM DER SOMMER ZU ENDE GING

Ich halt dich fest

Wenn ein Sturm aus dem Nichts
deine Welt aus den Angeln hebt
Das Leben, das du kanntest
Löst sich von innen auf
Wenn dein Innerstes schreit
Doch der Schmerz keine Worte hat
Halte ich dich fest

Wenn du nichts mehr verstehst
Nur zurück willst, was früher war
Alles fühlt sich erstarrt an
Du weißt nicht mehr ein noch aus
Wenn die Kraft dir erlahmt
Und du nicht mal mehr essen magst
Halte ich dich fest

Halte ein, halte aus
Atme ein und atme aus
Lass mich rein, lass es raus
Ich halt dich fest, wenn du mich lässt
Wenn du mich nur lässt

Wenn das Glück, das dir bleibt
Sich beständig mit Schmerz vermischt
Die gut gemeinten Worte
Prallen einfach an dir ab
Wenn du Trauer und Wut
Nur noch tiefer im Glas versenkst
Halte ich dich fest

Halte ein, halte aus ...

Bei jedem noch so schweren Schritt
versprech ich dir, ich gehe mit
An jedem noch so dunklen Tag
versprech ich dir, dass ich dich trag

Wir waren fast am Ende unserer gemeinsamen Ferienzeit an der Ostsee angekommen. Am Tag zuvor waren Anja, Sara und ich – ohne Tim, der keine Lust hatte mitzukommen – noch zu einer Fahrradtour an die Niendorfer Steilküste aufgebrochen und hatten einen schönen Tag miteinander verbracht. Wir aßen wie jedes Jahr Fisch mit Kartoffelsalat am Niendorfer Hafen, genossen die Sonne und den Ausblick und machten Fotos voneinander.

Ein besonders schönes Bild von Sara, auf dem sie mich direkt ansieht, habe ich mit der Bildunterschrift „Sara... Cola holen!" auf Facebook gestellt. Es sollte das letzte Portrait von unserer Tochter sein.

Eine kritische Situation hatte es auf dem Ausflug gegeben, aber die war schnell vergessen: Sara und ich waren mit unseren Fahrrädern etwas unachtsam aus einer Lücke zwischen zwei Fahrzeugen herausgefahren und dabei einem uns entgegenkommenden Auto näher gekommen, als es der Sicherheitsabstand vorsah. Was uns völlig zu Recht einen kräftigen Rüffel von Anja einbrachte, die hinter uns fuhr.

Kurz vor Toresschluss haben wir bei Niederegger Torte gegessen und danach im „Dänischen Bettenlager" noch eine große Luftmatratze für Sara gekauft, da das eine Bett im Gästezimmer unserer Ferienwohnung für beide Kinder zu klein war. Am Abend war es dann mit großer Anstrengung verbunden, das Monstrum aufzupumpen, zumal auf halber Strecke die Luftpumpe den Geist aufzugeben schien. Aber Sara hatte sich fest in den Kopf gesetzt, noch diese Nacht auf der neuen Unterlage zu schlafen, und stampfte halb auf den Blasebalg ein, halb versuchte sie es mit Mund-zu-Mund-Beatmung, und wenn sie keine Luft mehr hatte, forderte sie vollen Körpereinsatz von der gesamten Restfamilie. Am Ende war wohl genug Luft in der Matratze, um darauf schlafen zu können, aber einen Preis für die bequemste Unterlage hätte man damit nicht gewinnen können! Auch ein kaputtes Ventil vermochte unsere Tochter nicht von ihrem Vorhaben abzubringen...

Für den nächsten Tag war ein gemeinsamer Ausflug in den Hansa-Park geplant. Es wäre nicht unser erster gewesen, und als sich die Kinder dann zur Bettgehzeit kräftig in die Haare bekamen, bin ich echt sauer geworden und hab ihnen angedroht, dass sie bei einem solchen Verhalten den Ausflug vergessen könnten. Kein ganz so schönes Ende eines ansonsten sehr schönen Tages.

Und dann kam der 3. September. Als ich morgens aufwachte und den wolkenverhangenen Himmel sah, hab ich Anja gefragt, ob wir den Ausflug nicht lieber ausfallen lassen wollen. Aber an der Küste wechselt das Wetter sehr schnell, und als Anja die Frage an Sara weitergab, ob wir den Besuch des Hansa-Parks nicht verschieben wollen, kam als Antwort nur: „Nein, Mama! Wir haben uns doch schon so darauf gefreut. Aber komm noch ein bisschen unter meine Bettdecke zum Kuscheln" – es sollte das letzte Mal für Mama und Tochter sein.

Bei Ausflügen wie diesen achte ich immer darauf, dass wir möglichst schon zur Öffnungszeit des Parks ankommen, um langen Schlangen an den Attraktionen zuvorzukommen. Meine Familie neigt eher ein bisschen zum Trödeln, deswegen war ich schon nach unten gegangen und hatte das Auto vorgefahren. Anja und Sara kamen ein paar Minuten später, nach einer Weile auch Tim, und dann fuhren wir los in Richtung unseres nächsten Abenteuers. Im CD-Player lief das Album „Ghost Stories" von Coldplay.

Ich habe mir später das Gehirn zermartert, worüber wir uns bei der Fahrt unterhalten haben, aber das Einzige, woran ich mich erinnere, ist, dass ich beim Vorbeifahren an einem Straßenschild einen dummen Witz über die Entstehung des Ortsnamens „Puttgarden" gemacht habe, quittiert von einem kollektiven „Oh, Papa!" der Restfamilie.

Dann kam irgendwann ein Linksabbieger-Schild in Richtung Hansapark. Ich schaute meine Frau nur fragend an, weil das Navi eigentlich besagte, dass wir auch geradeaus zum Ziel gekommen wären. Sie gab mir zu verstehen, ich solle ruhig dem Schild folgen. Die Zubringerstraße beschrieb eine leichte Kurve, dann musste ich nach links auf die Vorfahrtstraße abbiegen.

Ich hab ihn nicht kommen sehen...

Die Warnung von Anja kommt zu spät. Das Taxi schießt mit rasanter Geschwindigkeit auf uns zu, dann der Aufprall, der Geruch von Metall auf Metall. Wir drehen uns, kommen zum Stehen. Momente des Schocks. Und dann die hysterische Stimme meiner Frau, als sie sich umdreht: „Ich glaube, Sara ist tot."

Sara sieht unverletzt aus, reagiert aber nicht. Ich bin wie benommen, Panik kriecht in mir hoch. Anja hat das Handy in der Hand, versucht, den Notruf zu wählen.

Mittlerweile erreichen drei Ersthelfer aus einem der nachfolgenden Autos die Unfallstelle. Die beiden Männer versuchen, Sara behutsam durchs Fenster aus dem völlig verbeulten Fahrzeug zu heben. Die Frau, die ebenfalls gekommen ist, kümmert sich um Anja und Tim und versucht, sie zu beruhigen.

Später hat sie mir zur Situation am Unfallort geschrieben: *„Für uns ist es selbstverständlich, dass man bei einem Unfall sofort hilft. Natürlich waren wir geschockt, dass es sich um ein kleines Mädchen handelt, das sofortige Hilfe benötigt hat. Mein Mann und ich haben drei Kinder, und unser Ältester war zu diesem Zeitpunkt elf Jahre alt. Da ich selbst Mutter bin, habe ich mich um Ihre Frau gekümmert. Mein Mann und mein Bruder sind sofort zu Ihrer Tochter gerannt und haben alles Erdenkliche versucht mit Sara. Für uns Ersthelfer ist es sehr schwer, so etwas Tragisches zu verarbeiten, auch wenn man sich nicht persönlich kennt.*

Wir waren gerade auf dem Weg in den Hansa-Park, als der Unfall passiert ist. Leider Gottes haben unsere Kinder (12, 7 und 5 Jahre alt) alles mitbekommen. Als wir dann abends zu Hause waren und die Kinder im Bett lagen und Ruhe eingekehrt ist, konnte ich nicht mehr... Ich habe so geweint, weil mir alles nochmal vor Augen stand..."

Die beiden Männer kümmern sich um Sara, suchen nach Puls und Herzschlag, versuchen sie wiederzubeleben. Ich stehe in diesen scheinbar endlosen bangen Minuten nur in unmittelbarer Nähe und bete: *„Herr, rette mein Kind, rette mein Mädchen."* Es fühlt sich so ohnmächtig an, nichts tun zu können. Und während ich diesen Satz unablässig bete, setzt sich eine Liedzeile in Dauerschleife in meinem Kopf fest. Sie stammt aus einem Song von Tom Lane, den ich viele Jahre nicht gehört habe. *„Everything's gonna be alright, my father's here. Everything's gonna be alright when he draws near."* „Alles kommt in Ordnung, mein Vater ist hier. Alles kommt in Ordnung, wenn er mir nahe ist."

Ich hoffe, bange und bete, dass mir Gott dieses Lied eingeflüstert hat. Am Unfallort und auch später während der Tage auf der Intensivstation in Lübeck. Dass es sein Versprechen an mich ist, dass Sara leben darf. Heute glaube ich, dass ich das Lied hören musste, um zu wissen, dass es Sara gut ging. Von der ersten Sekunde an. Weil der Vater im Himmel sie vom Moment des Unfalls an in Empfang genommen und in die Arme geschlossen hat.

Nach zehn Minuten kommen der Rettungshubschrauber und mehrere Krankenwagen. Sanitäter eilen herbei. Ich frage, ob ich mitfliegen kann, höre nur ein knappes „Das wird nicht möglich sein". Sehe den Helikopter abheben. Alles ist wie in einem Nebel. Ich fühle mich so hilflos, versuche aus dem Wrack unser Hab und Gut zu bergen, CDs und Sonnenbrillen, Kleidung. Sehe die Glassplitter und erschlafften Airbags. Mein Verstand sagt mir, dass es wahrscheinlich nicht sonderlich sinnvoll ist, was ich hier tue.

Dann kommt ein weiterer Sanitäter, bringt mich zu einem der Krankenwagen. Ich sehe auf dem Weg Anja und Tim in einem anderen Krankenwagen, frage, ob ich nicht bei ihnen mitfahren kann, bekomme zu hören, dass es für drei Personen plus Sanitäter im Krankenwagen zu eng sei und es meinem Sohn auch nicht gut gehe. Dann legt man mir eine furchtbar enge Halskrause um. Ich frage, ob das denn nötig sei, aber man versichert mir, dass es unerlässlich sei, bis im Krankenhaus sichergestellt werden kann, dass ich mir beim Unfall keine inneren Verletzungen und auch kein Schleudertrauma zugezogen habe. Und schon fahren wir mit Blaulicht los.

Die Minuten bis zur Ankunft im Krankenhaus erscheinen mir endlos. Ich mache mir natürlich Sorgen um Tim. Ich habe ihn am Unfallort noch herumlaufen sehen und frage mich jetzt, wie es ihm geht. Wie es Anja geht, die eine dicke Beule am Kopf hat. Alles wird jedoch überlagert von der bangen Frage, was mit meinem Mädchen ist, das jetzt aller Wahrscheinlichkeit nach weiter um sein Leben ringt. Ich bete verzweifelt.

Dann spüre ich zum ersten Mal diesen kalten Hauch ums Herz: „*Wenn Sara jetzt stirbt, dann ist mein Leben, wie ich es kannte, vorbei. Dann zerbricht meine Familie und meine Ehe. Dann ist nichts mehr, wie es vorher war. Ich bin ja schließlich das Auto gefahren. O Gott, mach, dass das nicht passiert.*" Und dann ist da wieder dieses Lied: „*Everything's gonna be alright, my father's here. Everything's gonna be alright, when he draws near.*"

Ich sehe Lübeck an mir vorbeiziehen. Eine Stadt, mit der so viele Ferienerinnerungen verbunden sind, gerade auch mit unserer Familie. Und die jetzt zum Schauplatz des größten Dramas in meinem Leben wird. Ich komme im Krankenhaus an und werde in die Notaufnahme gebracht. Der Erwachsenen-Bereich und der Bereich für Jugendliche sind getrennt. Ich weiß nicht, was mit Tim ist, sehe aber Anja. Das ist deutlich besser, als allein die Ungewissheit zu ertragen, ist jedoch auch eine Begegnung voller unausgesprochener Sätze. Noch wissen wir nichts von Saras Zustand, hören aber recht bald, dass sie sofort operiert wird.

Anja und ich sind für die Schwere des Unfalls körperlich erstaunlich unversehrt geblieben. Doch die Gedanken kreisen unaufhörlich um das schwächste Glied. Um Sara. Wir sprechen kurz darüber, was wir jetzt tun müssen, wen wir informieren sollen. Meine Frau raunt mir zu, dass Facebook keine Option ist. Ich frage nur zurück, wie Freunde und Mitchristen davon erfahren sollen – und sage, dass Sara doch jetzt alles Gebet der Welt gebrauchen könne.

„Aber nicht so", kommt von meiner Frau zurück. Ein paar Familienmitglieder und engste Freunde haben wir auf dem Weg ins Krankenhaus schon angerufen.

Anja und ich werden nach knapp zwei Stunden „entlassen", und von diesem Moment an haben wir für die nächsten zehn Tage nur noch einen Gedanken: dass Sara überlebt. Zwischendurch kommt uns natürlich immer wieder auch unser Sohn in den Sinn, der nur leicht verletzt ist und daher auf einer anderen Station liegt als die 49i, auf die unsere Tochter direkt nach ihrer Operation verlegt wird. Vieles wird er in den nächsten 48 Stunden mit sich selbst ausmachen müssen. Und das ist nichts, was ein 14-Jähriger erleben sollte!

Von unserer Familie treffen als erste Anjas Bruder und seine Frau im Krankenhaus ein. Sie schauen nach Tim, fragen, was wir brauchen, welche Dinge wir aus der Ferienwohnung für die nächsten Tage brauchen werden.

Etwas später am Nachmittag sprechen Anja und ich Wort für Wort ab, was wir unseren engsten Freunden in einer E-Mail schreiben wollen. Ich werde in den nächsten Tagen die „Verbindung zur Außenwelt" übernehmen – was sich als äußerst schwierig gestaltet, weil auf der Intensivstation kein Handy gestattet ist, um die Funktionalität der lebenserhaltenden Geräte nicht zu gefährden. Und weil mein Bedürfnis, unsere Situation offen zu beschreiben und ein Maximum an Freunden und Wegbegleitern dafür zu gewinnen, uns „die Arme hoch zu halten", und Anjas unbedingter Wunsch, dass die Privatsphäre unserer Familie gewahrt bleibt und diese persönlichste aller Krisen nicht in die Öffentlichkeit gehört, diametral entgegengesetzt sind. Wir werden in den ersten Tagen buchstäblich um jeden Satz ringen, den wir an unsere Freunde schreiben oder nicht schreiben – und jeden E-Mail-Empfänger diskutieren, der mit einkopiert werden soll oder nicht. Und dann verschicke ich doch die erste Mail mit folgendem Wortlaut:

Liebe Freunde,

sicher habt Ihr in der Zwischenzeit schon gehört, dass wir heute Morgen einen furchtbaren Autounfall hatten. Tim, Anja und mir geht es verhältnismäßig gut, aber Sara ringt mit dem Tod. Beim Aufprall hat sie ein schweres Gehirntrauma erlitten, musste reanimiert werden. Das Gehirn ist stark angeschwollen. Dem wurde per OP entgegengewirkt, aber aus menschlicher Sicht wird das nicht ausreichen, um dem schweren Trauma Herr zu werden. Wir sind jetzt auf der Intensivstation der Uniklinik in Lübeck bei ihr. Tim ist noch bis morgen aus Vorsichtsgründen zur Beobachtung auf der kinderchirurgischen Station. Anjas Bruder

*und Partnerin sind zu uns gekommen, Maren, Anjas Schwester,
ist auf dem Weg aus Regensburg, wird heute Abend hier sein.*

*Wir brauchen für Sara ein Wunder, alles andere wird nicht aus-
reichen!!! Wer sich unserem Gebet anschließen mag, dem sagen
wir jetzt schon Danke – und für alle Anteilnahme von Euch
außerdem... Mit ganz schwerem Herzen am härtesten Tag
unseres Lebens!*

Am Anfang habe ich auf meinem Handy nur auf die Schnelle
die wichtigsten Adressen zusammengesucht. Am frühen Abend
einigen wir uns so, dass mein Schwager Dirk und Merle mit mir
in die Ferienwohnung fahren, die etwa eine dreiviertel Stunde
entfernt liegt, und das Nötigste zusammenpacken. Auch meine
Gitarre und das Notebook mit allen Adressen.

Ich sitze hinten im Auto, und die Schwere der Situation
bricht auf einmal wie eine gigantische Flutwelle über mir zusammen. Es ist nicht kalt, aber ich friere. Ich bin auf einmal
furchtbar kraftlos, verletzlich, einsam. Ich will nicht weg von
meiner Familie. Von Anja, die alle Kraft zusammenkratzt, die
sie hat. Von Tim, mit dem ich seit dem Unfall noch gar nicht
sprechen konnte. Von Sara, die ich nur kurz im Bett habe liegen
sehen. Meine geliebte Tochter, mit der ich heute Morgen noch
gescherzt habe und die nun vor mir liegt, ohne mit mir reden
zu können. So nah und doch so verstörend fremd. Bis ich ihre
Hände fasse, diese kleinen Händchen, die ich seit ihren ersten
Stunden so geliebt habe.

Bis eben war es noch so, als hätte man mir drei Ampullen
Adrenalin gespritzt. Aber jetzt sacke ich innerlich in mich zusammen, während ich krampfhaft versuche, äußerlich meinem

Schwager und seiner Frau gegenüber Haltung zu bewahren – ein Häufchen Elend, das sich an dem stummen Gebet festkrallt: *„Herr, bitte mach, dass das hier nicht das Ende der Geschichte ist. Nur du kannst das. Und du weißt alles, auch, wie wir uns jetzt fühlen und was wir gerade brauchen."*

Schon an dem Abend trifft eine Vielzahl von Nachrichten bei uns ein, die im gleichen Maße Fassungslosigkeit und Unterstützung signalisieren. Auch Anjas Familie ist mittlerweile vor Ort; besonders berührt uns wieder einmal Maren, Anjas Schwester, die sich sofort nach dem Anruf bei ihrem Arbeitgeber abgemeldet hat, um auf die Schnelle nur das Nötigste zusammen zu packen und dann umgehend mit dem Auto in einem Rutsch die 750 Kilometer von Regensburg nach Lübeck durchzufahren.

Auch heute, nach 2 ½ Jahren, mag ich mir gar nicht ausmalen, wie sich die Fahrt zwischen Hoffen und Bangen, Beten und Ringen für sie angefühlt haben muss. Maren wird uns in den nächsten zehn Tagen kaum von der Seite weichen; sie ist einer der Engel, die Gott uns geschickt hat, um diese Zeit durchzustehen.

Der 3. September 2014 ist im Norden der letzte Sommerferientag – und als wollte selbst die Natur signalisieren, dass nun alles anders geworden ist, bricht am nächsten Tag der Herbst an. Ich werde von nun an wohl immer mit dem Beginn der dritten Jahreszeit den Zeitpunkt verbinden, an dem ich in einem tieferen Sinne meine Unschuld verloren habe.

Wer Traumatisches erlebt und schwere Trauer zu durchleben hat, tut das mit allen Sinnen. Sogar in Bezug auf Wind und Wetter. Das wird mir im nächsten Frühjahr wieder begegnen, als ich anlässlich einer Bandsession an einem grauverhangenen Tag am gebuchten Tonstudio im Norden ankomme und beim

Aussteigen wie ein Déjà-vu die Witterungsverhältnisse vom 4. September vor Augen und in der Nase habe, was überfallartig eine Welle der Traurigkeit in mir auslöst.

Auf der Intensivstation begegnet uns eine völlig andere Situation, als man sie in einem Universitätskrankenhaus erwarten würde, das vom allgemeinen Pflegenotstand geschüttelt ist. Die Krankenschwestern, mit denen wir zu tun haben, sind freundlich und voller Mitgefühl. Sie stellen Anja und mir sofort das einzige Ruhezimmer zur Verfügung, das in diesem Krankenhaus-Flügel existiert. Es wurde eigentlich für das Pflegepersonal in überlangen Nachtschichten und für übermüdete Mütter von auf der Station behandelten Frühchen eingerichtet. Hier dürfen wir nun erst einmal bleiben, um Sara auch in der Nacht nicht verlassen zu müssen. Außerdem reservieren die Pflegekräfte uns zusätzlich einen Aufenthaltsraum auf der Station, damit wir dort ungestört mit Besuchern wie der Familie sitzen können. Diese Großzügigkeit und Feinfühligkeit erfüllt uns trotz unseres Zustandes – oder gerade, weil er sich so zutiefst zerbrechlich anfühlt – mit tiefer Dankbarkeit.

Die erste Nacht kommt, und ich schaffe es, ein paar Stunden im Ruhezimmer zu schlafen. Anja verbringt die Nachtstunden komplett am Bett unseres Mädchens. Das wird sie auch in all den folgenden Nächten tun: alle gutgemeinten Ratschläge der Schwestern in den Wind schlagen und bei Sara bleiben, solange sie dazu noch die Möglichkeit hat. Irgendwann bekommt sie von den Nachtschwestern einen Liegestuhl hingestellt, der ihr zumindest die Möglichkeit gibt, für ein paar Minuten zu dösen, bevor das Piepen der Geräte oder die vorsichtigen Schritte des Pflegepersonals sie wieder wecken.

Maren ist nur für eine kurze Nachtruhe die 85 Kilometer zum Haus meiner Schwiegereltern gefahren. Früh am nächsten Morgen wird sie mit Kaffee und Brötchen wieder auf der Intensivstation auflaufen und selbstlos alles tun, was in ihrer Macht liegt, um uns zu unterstützen. Auch meine Eltern kommen an diesem zweiten Tag aus Hamburg nach Lübeck. Wir sind sehr dankbar dafür, wie sehr sich alle selbst zurücknehmen und in erster Linie um unser Wohl bemüht sind. Wir merken aber auch recht schnell, dass wir nur begrenzte Kapazitäten haben, selbst die engste Familie zu sehen. Zu sehr stehen wir immer noch unter Schock, und alle Sinne sind nur auf das eine Ziel ausgerichtet: das Überleben von Sara.

Seit dem Moment des Unfalls haben wir keine aktiven Lebenszeichen bei unserem Mädchen gesehen. Sara erlangte nach dem Unfall zu keinem Zeitpunkt das Bewusstsein wieder. Keine Augenreflexe, keine Bewegungen, die nicht auf die künstliche Beatmung zurückzuführen wären.

Tim wird an diesem zweiten Tag entlassen und kann mit Opa und Oma nach Hause fahren, um zumindest für die Nacht aus der Krankenhausumgebung herauszukommen. Ihn bei meinen Schwiegereltern zu wissen macht es uns leichter, unsere ganze Kraft und Aufmerksamkeit zu bündeln. Die Gespräche mit dem behandelnden Oberarzt stehen dabei im krassen Kontrast zu der Begegnung mit den Schwestern in Saras Zimmer. Er macht uns von Anfang an nur wenig Hoffnung und versucht zu keinem Zeitpunkt, die Schwere von Saras Verletzungen zu beschönigen. So wird dann auch der Tonfall für die Mail gesetzt, die ich noch vor unserer zweiten Nacht an einen deutlich gewachsenen Personenkreis verschicke:

Ihr lieben Freunde,

*zuerst einmal möchten wir Euch von Herzen für die Anteil-
nahme und Gebete danken, die uns in den letzten 36 Stunden in
Dutzenden von Mails, Textnachrichten etc. erreicht haben. Fühlt
Euch bitte frei, diese Infos an Menschen weiterzuleiten, die uns
persönlich kennen und die Situation mittragen bzw. mitbeten
können/wollen.*

*Wir hatten am Mittwochmorgen einen schweren Autounfall, in
dessen Folge Arne, Anja und Tim leicht und Sara lebensbedrohlich verletzt wurden. Wir sind daraufhin in das Universitäts-
Klinikum in Lübeck gebracht worden. Tim wurde heute aus der
Kinderchirurgie entlassen und ist mittlerweile bei Oma und Opa,
er kommt uns morgen wieder besuchen. Anja und ich wachen
rund um die Uhr am Bett unserer Tochter. In einer ersten Not-
OP wurde ihr die Schädeldecke geöffnet, weil das Gehirn stark
angeschwollen war. Sie liegt im Koma. Das heutige MRT hat
ergeben, dass vor allem die linke Gehirnhälfte stark geschädigt ist.
Auch das Stammhirn, das für alle lebenserhaltenden Funktionen
zuständig ist, zeigt Ödeme auf den Bildern. Nach menschlichem
Ermessen gibt es wenig Hoffnung für unser Mädchen. Aber wir
haben uns entschieden, für ein Wunder zu beten und unseren
Gott im Himmel anzuflehen, übernatürlich einzugreifen. Damit
Sara eine echte Überlebenschance hat, müssten zunächst die
Schwellung im Gehirn signifikant zurückgehen und die Ödeme
abschwellen. Ein weiteres Wunder wäre auch die Wiederherstellung bzw. Regeneration der geschädigten Bereiche. Dafür beten
wir...*

Wir haben heute während des Tages phasenweise immer wieder einen Frieden empfunden, der mit dem warmherzigen und einfühlsamen Schwestern- und Ärzteteam vor Ort allein nicht zu erklären ist. Rund um die Uhr singen wir an ihrem Bett, beten für sie, sprechen mit ihr und lesen ihr vor. Unsere Hamburger Familien besuchen uns täglich und kümmern sich rührend um uns. Dort ist auch Raum dafür, ungehemmt zu weinen, über schöne Erlebnisse mit Sara zu schmunzeln oder kurz gemeinsam zu essen. Unser Mädchen so zerbrechlich und ausgeliefert an den Schläuchen zu sehen ist herzzerreißend! Aber Sara ist ein so starkes Mädchen. Morgen am Vormittag wird ein weiteres CT gemacht, um den Zustand des Stammhirns im Verlauf beurteilen zu können. Bitte betet auch für uns – um Ausdauer und Kraft, den Mut nicht sinken zu lassen. Und um alle anstehenden Aufgaben in Ruhe angehen zu können. Jeder Tag hat seine eigene Last. Wir sind Euch auf so vielfältige Weise herzlich verbunden; danke nochmals für alle Zeichen Eurer Zuwendung und Eures Mittragens.

Arne & Anja

Zwei Menschen auf der Station haben wir ganz besonders ins Herz geschlossen: Schwester Sandra, eine resolute, aber sehr freundliche Frau mittleren Alters mit dem Herz auf dem rechten Fleck. Und Schwester Dunja, selbst Mutter von jüngeren Kindern, die wegen ihrer Familie hauptsächlich Nachtschichten übernommen hat und in den ruhigeren Abendstunden neben allen professionellen Handgriffen schnell zu einem sensiblen und ermutigenden Gesprächspartner wird. Es dauert nicht lange, da wird uns bewusst, dass selbst diese erfahrenen

Intensivkrankenschwestern im Laufe eines Jahres nur äußerst wenige Kinder mit so schwerwiegenden Verletzungen betreuen müssen. Aber sie ermutigen uns, dass gerade vertraute Stimmen und körperliche Nähe für Kinder im Koma spürbar seien und den Überlebenswillen stärken würden.

So liest Anja beispielsweise mit großer Ausdauer aus dem Buch vor, das Sara und sie nur wenige Tage zuvor zu lesen begonnen haben. Und wenn sie einmal eine kurze Pause braucht, um wenigstens duschen zu gehen oder kurz mit der Außenwelt in Kontakt zu treten, dann setze ich mich mit der Gitarre an Saras Bett. Und singe Lieder, wie ich sie auch in Gottesdiensten in den unterschiedlichen Kirchengemeinden singe, in die ich als Musiker eingeladen werde. Lieder, die das Vertrauen ausdrücken, dass Gott auch im Ungewissen seine Hand über uns hält. Besonders das Hillsong-Lied „Oceans" wird so im Krankenhaus zu einem beständigen Begleiter. Aber auch verschiedene Songs wie „Breite deine Flügel aus" oder „Du bist meine Zuversicht", die ich in den letzten Jahren geschrieben habe und die jetzt zum Soundtrack unserer Hoffnung inmitten dieses dunklen Tales werden. Ebenso wie der Zuspruch aus Jeremia 29,11, den ich in diesem Lied vertont habe:

Ich bin bei dir

Ich bin bei dir, wenn die Wellen hoch schlagen
Ich bin bei dir, wenn das Meer um dich tost
Ich bin bei dir, du musst niemals verzagen
Ich habe dich immer im Blick

Ich bin bei dir und ich kenn deine Fragen
Ich bin bei dir, schaue tief in dein Herz
Ich bin bei dir, und ich werde dich tragen
Ich will nur dein Glück

Ich schenke dir Zukunft und Hoffnung
Suchst du nur die Quelle des Lebens
Beständig bei mir
Ich schenke dir Zukunft und Hoffnung
Ich bin der Weg und die Wahrheit
Und ich bin die Tür
Ich bin immer bei dir, immer bei dir
Ich bin immer bei dir, immer bei dir

Ich bin bei dir, auch an traurigen Tagen
Ich bin bei dir, auch inmitten der Nacht
Ich bin bei dir, hör mein Herz für dich schlagen
Denn ich geb gut auf dich Acht

Ich bin bei dir, grad in stürmischen Zeiten
Ich bin bei dir, und ich werbe um dich
Ich bin bei dir, werd dich immer begleiten
Verlass dich auf mich

Ich schenke dir Zukunft und Hoffnung ...

Immer wieder unterbricht die nächste Tränenflut das Singen,
und dann spiele ich einfach, was mir in den Sinn kommt. Es
fühlt sich für mich über weite Strecken so an, als hätte ich noch
nie in meinem Leben so Musik gemacht, obwohl es eigentlich

nur für ein Publikum ist, das aus zwei Personen besteht: meine Tochter und Gott. Es ist unmöglich in Worte zu fassen, was diese stille Zwiesprache in mir auslöst. Für einige kostbare Augenblicke verschwimmen alle äußeren Umstände und das stete Piepen der Apparate. Dann ist es so, als würde sich das Zimmer von Sara in eine Kapelle verwandeln und die Grenze zwischen unserer und der jenseitigen Welt dünn wie Papier werden. Dieses Empfinden wiederholt sich in den nächsten Tagen immer wieder; es hat eine Intensität, die ich wohl meinen Lebtag nicht vergessen werde.

Am Sonntag, den 7.9. versuche ich das in einer unserer Freundesmails zum Ausdruck zu bringen:

Ihr Lieben,

ich wollte Euch nur kurz Anteil daran haben lassen, dass ich glücklicherweise eine Gitarre hier habe – und wie wir das zu Hause am Sonntag in unserer Gemeinde machen, haben wir gerade an Saras Bett Gottesdienst gefeiert und zusammen leise Lieder gesungen, die unsere Situation, aber auch unseren Glauben ausdrücken. Wir wissen, dass im Moment auch in verschiedenen Gottesdiensten für uns gebetet wird, und sind sehr dankbar dafür. Wiederholt erleben wir so Momente lang „das Auge des Sturms", dann liegt Frieden über dem Zimmer am Bett Saras. Das ist sehr kostbar. Danke für Eure Freundschaft, und dass Ihr uns so viel Trost und Hoffnung sendet!

Euer Arne

Immer wieder kommen Pfleger und selbst Reinigungspersonal vorbei, stecken, von der Musik angelockt, den Kopf durch die Tür oder treten leise ein. Manchmal fragen sie, ob es mir etwas ausmachen würde, wenn sie einen Moment zuhören. Ich glaube, sie spüren instinktiv die besondere Atmosphäre, die entsteht, wenn Angehörige eines todgeweihten Kindes bei aller Trauer ewige Hoffnung in sich tragen.

Diese Hoffnung wird genährt von den vielen persönlichen Mails, die bei mir eintreffen und die ich Anja häppchenweise vorlese, wenn wir einmal allein mit Sara im Zimmer sind. Eine geht uns dabei besonders zu Herzen. Sie kommt von Ami, einer befreundeten Grafikerin, und enthält nur dieses Bild, das mit den Worten überschrieben ist „*Was ich nicht mit Worten sagen kann*":

Ich schreibe ihr zurück und frage, was sie dazu bewogen habe, das Bild zu malen; denn ein Musiker unserer Gemeinde

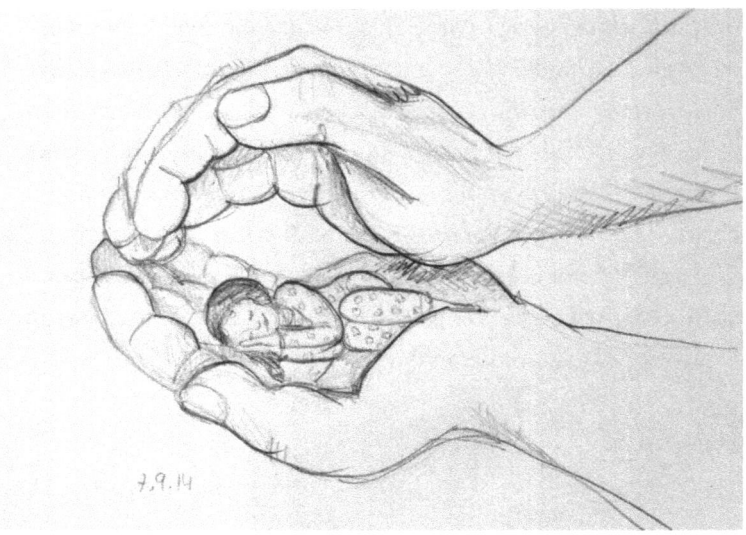

hatte beim Beten für Sara ein Bild vor seinem inneren Auge gesehen, das Ähnliches ausdrückte, und es uns am selben Tag wie sie aufgeschrieben:

Lieber Arne, liebe Anja, lieber Tim,
als ich die Nachrichten von Euch verfolgt habe, hatte ich ein Bild,
das ich Euch mitteilen möchte: Ich habe die Hand Gottes gesehen
als eine große Hand, die Euch hält und umgibt und in der Ihr
fast verschwindet, weil sie so groß ist.

Wenig später schreibt uns Ami zurück:

Wie schön, Arne. Hab Gänsehaut. Ich hatte das Bild von Sara
vor Augen, voller Schläuche und zwischen Apparaten, und
dachte nur: Das ist verkehrt, das ist ganz verkehrt, ich habe sie
so gesehen. Denn so ist es, wie es in Wahrheit ist. Wir beten
ständig für sie und schließen euch drei immer mit ein!

Dieses Bild wird uns unser restliches Leben lang begleiten. Nachdem Ami uns das Original ins Krankenhaus geschickt hat, hängt es dort an der Wand, bis wir Abschied nehmen müssen. Später wird es auf der Einladung zu Saras Abschiedsgottesdienst und auf dem Liedblatt abgedruckt. Und noch später ist es als Hintergrundbild eines Liedes, von dem ich noch erzählen werde, auf zahllosen Konzerten von mir zu sehen.

Es ist der perfekte Ausdruck für das innere Empfinden, das Anja und ich vom ersten Moment an teilen: dass es Sara gut geht, dass sie absolut geborgen ist und dass sie keinen der Kämpfe ausfechten muss, die wir gerade durchleben. Auch wenn wir diesen Gedanken jetzt noch nicht vollständig zulassen können, weil wir im Bett vor uns noch die äußere Hülle unseres Mädchens sehen.

Im Nachhinein habe ich vom selben Tag auch diese Mail zugesendet bekommen:

Am Sonntag, den 07.09.2014, hat Daniel mit unseren Jungs Fußball gespielt und ich habe die freie Zeit genutzt, intensiv zu beten (...) Nach einiger Zeit kam mir der Satz: „Entlasst sie in die Hände des liebenden Vaters!" Immer und immer wieder wiederholte sich dieser Satz, wie eine Endlosschleife (...). Dann wich die Last, die ich vorher empfunden hatte, und Gottes Friede breitete sich in meinem Herzen aus. So liebevoll, wie Gott sich damals um mich gekümmert hat, als unsere Tochter gestorben war, so wird er sich um Euch, liebe Anja, Arne und Tim, kümmern!!!

Für einige Leser wird es sich wahrscheinlich sehr ungewohnt oder sogar befremdlich anfühlen, dass Menschen nicht nur Gebete zum Himmel schicken, sondern auch meinen, darauf eine Antwort zu bekommen. Für mich ist es seit meiner frühen Jugend ein vertrauter Gedanke, dass Gebet nichts anderes ist als der Versuch, ein Gespräch mit Gott zu führen – und dass die Antwort Gottes auf sehr vielfältige Art und Weise ausfallen kann. Als ein Gedanke, der sich im Moment des Gebets aufdrängt und nicht mehr verschwinden will. Als eine bildhafte Vorstellung, wie wenn vor dem inneren Auge ein kurzer Film ablaufen würde. Als plötzliche Erinnerung an einen Bibelvers. Oder auch nur als ein massives Drängen, etwas Bestimmtes tun zu müssen.

Für Christen aller Jahrhunderte, die die Bibel nicht nur als Metapher verstanden haben, ist das durchaus nicht ungewöhnlich.

Auch wenn diese Antworten niemals einem einfachen Reiz-Reaktions-Schema folgen und uns nicht in einem Sinne zustehen, als würde Gott immer auf dieselbe Art und Weise handeln. Er behält sich das Recht vor, auf seine Art zu antworten oder auch zu schweigen.

Eine Mail kam über das Sekretariat unserer Gemeinde in Frankfurt:

Ich hatte am Sonntag einen Eindruck, habe mich aber leider nicht getraut, ihn an die Gemeinde weiterzugeben ... Du kannst Dich sicherlich an das Bild erinnern, welches Arne und Anja an diese E-Mail angehängt haben. Das kleine schlafende Kind in den Händen Gottes, ohne Angst, behütet, beschützt und voller Frieden. Als ich das Bild sah, habe ich auch, obwohl mich das mit der kleinen Sara sehr aufgewühlt hat, Frieden empfunden, weil ich wusste, bei unserem Vater geht es ihr gut. Als ich am Sonntag dann die Nachricht bekam, dass ihr Herz sanft aufgehört hat zu schlagen, hatte ich ein wunderschönes Bild. Diese große Hand hat sich geöffnet, und das kleine Kind erwachte, flog wie ein kleiner leuchtender Engel in Richtung Himmel. Das Schöne war, dass ihre Flügel flatterten vor lauter Freude. In diesem Bild war so viel Leben und Zuversicht.

Sehr viele Freunde und Wegbegleiter der letzten Jahre lassen uns an ihren Gedanken beim Beten teilhaben. So auch in dieser Mail von einer Freundin, die uns in den folgenden Monaten noch oft zur Seite stehen wird:

Immer wieder sehe ich Sara in ihrem Bett liegen, und um sie herum stehen lauter weißgekleidete Engel. In meinem Bild

scheinen die Engel zu singen, und Sara liegt auf ihrem Bettchen
ganz ruhig und friedlich – sie sieht ganz glücklich aus und sie
lächelt. Mit diesem Bild, welches mir immer wieder in den Sinn
kommt, scheint Gott sagen zu wollen: „Schau doch, es geht Sara
gut. Du musst dir keine Sorgen machen. Meine Engel passen gut
auf Sara auf."

Viele Menschen haben uns hinterher erzählt, dass sie beim Beten immer wieder vor ihrem inneren Auge sahen, wie Sara ausgelassen tanzt. Andere kommen in den Gottesdienst unserer Heimatgemeinde und berichten davon, dass sie Sara seit Tagen, wenn sie für sie beteten, von Engeln umgeben gesehen haben, auch tanzend und voller Freude. Etwas detaillierter wurde es uns von einer Frau weitergeleitet, die schrieb:

Hier mein Eindruck, den ich wiederholt im Laufe der vergangenen Woche hatte. Es war eher ein abstraktes Bild. Ein Mädchen tanzte lustig, die Arme schwingend, ausgelassen umher. Sie schien sehr glücklich zu sein, denn sie lachte dabei. Der Hintergrund war absolut weiß, dort war nichts zu sehen. Er war einfach weiß und sie tanzte im Vordergrund. Sie hatte dunkelblonde, halblange Haare und sah richtig gesund aus. In ihrer rechten Hand schwang sie einen kleinen Teddy umher. Sie trug ein schwarzes Kleidchen. Komisch war, dass der Hintergrund so hell war und vor ihr nichts war, besser, es gab keinen Vordergrund. Als tanzte sie am Rand. Ich kann es nicht besser beschreiben. Im Nachhinein könnte man meinen, dass es wie ein Übergang zwischen materieller Welt und geistlicher Welt war. Aber sie war schon so glücklich.

Und eine letzte Zuschrift möchte ich noch teilen, die mir besonders unter die Haut ging:

In der Christuskirche Berlin war eine Veranstaltung. Unser Pastor, der kurz vorher von dem Unfall gehört hatte, hat uns informiert, und wir haben miteinander für Sara und Euch gebetet. Natürlich haben wir um Gottes Eingreifen gebetet, um Heilung und Wiederherstellung. Dennoch hatte ich für einen kurzen Moment das Empfinden, wir sollten auf Gott hören und beten, dass sein Wille geschieht. Mir schien es, als ob es nur zwei Möglichkeiten gibt: Entweder, Sara wird ganz gesund, oder sie wird zu ihrem himmlischen Vater nach Hause gehen. Und Gott ist größer und wusste alles schon. Ich hatte keinen wirklichen Frieden, um Heilung zu beten (obwohl ich gerne für Heilung bete), sondern darum, dass Gottes Wille geschieht. Ich hab das niemandem gesagt, ich bin nur ein menschlicher Kanal und kann mich täuschen. Außerdem ist es menschlich und natürlich, für Wiederherstellung zu beten und dafür, was wir für das Beste halten. Doch das war damals mein Empfinden (ich schreibe das, vielleicht hat es eine Bedeutung für euch, rückblickend). Einige Zeit später hatte ich folgendes Bild: Es war ein sehr großer Festsaal und es gab eine lange Tafel. Sara stand zwischen Tischreihen an einem Tisch. Sie war glücklich und hat den Tisch gedeckt. Sie hatte drei Teller in der Hand. Sie beugte sich über den Tisch und hat dort für zwei Personen eingedeckt. Den dritten Teller deckte sie auf ihrer Seite ein, direkt neben ihrem Platz. Ihren Platz hat sie nicht eingedeckt. Wohl deshalb, weil sie schon da war. Mir schien, sie bereitet(e) für euch als Familie das Fest (mit) vor. Sicher ist eure Familie größer (Großeltern, Onkel, Tanten etc.) und wird vielleicht auch noch wachsen, doch es war wie ein Trost

für euch als Familie, so, als ob sie für ihre engsten und liebsten
Menschen den Tisch deckte und sagt: „Mir geht es gut. Hier wird
alles vorbereitet und es wird sehr schön sein, unbeschreiblich.“ In
dem Bild war es so, dass in dem Moment in dem Saal nur Sara
war, in Vorbereitung für Euch und Euch ganz nah. Deshalb
war wohl der Saal auch leer, keine anderen Menschen waren zu
sehen, jedoch viele Tische/Tafeln. In all dem Geschehen lag keine
Trauer, sondern Vorfreude, wie wenn man sich auf ein sehr gro-
ßes Fest vorbereitet. Auch wenn zu spüren war, dass Sara Eure
Trauer ernst nahm und jetzt noch Vorbereitungszeit war und
nicht Feststimmung und ihr Herz auch bei Euch ist – doch da,
wo sie ist, fühlt man anders als hier. Man weiß um all die Dinge,
scheint mir, doch fühlt den Schmerz nicht, da es keinen Schmerz
mehr gibt. Man ist innerlich satt, befriedet und zugleich in Vor-
bereitung auf das Hochzeitsfest und auf das Ewige, die Ewigkeit.

Während wir in Lübeck am Bett von Sara unseren kleinen Fami-
liengottesdienst feierten, fand auch in unserer Gemeinde in
Frankfurt der Sonntagsgottesdienst statt, von dem Nicki und
Heiri, unser Pastorenehepaar, uns hinterher den folgenden Bericht schickten:

Der Gottesdienst heute war so bewegend ... Steve und Band hat-
ten wunderschöne Lieder von Dir, Arne, ausgesucht. Weder alle
in der Band noch alle in der Gemeinde konnten singen, sondern
wir weinten für Euch. Ich bat alle, nach vorne zu kommen, die
gerne niederknien und Jesus um Hilfe für Sara ... bitten mochten.
Viele kamen, wir sangen und weinten und beteten .... Durch Euer
Leid sind wir heute alle zu einer Gemeindefamilie geworden –
in einer noch nie da gewesenen Tiefe.

Es fällt mir schwer, das Wechselbad der Gefühle in Worte zu fassen, die wir beim Lesen der Bilder und Gebetseindrücke empfunden haben. Wie schon gesagt: Ich verstehe, wenn die oben stehenden Berichte manchem vielleicht erst einmal wie Hirngespinste vorkommen. Ich habe ja schon geschrieben, dass für uns an Saras Bett die Grenze zwischen unserem diesseitigen Leben und der Realität im Jenseits extrem fließend geworden ist. Wir hatten das starke Empfinden, alle Kontrolle zu verlieren, und spürten instinktiv, dass herkömmliche Denkmuster nicht mehr griffen; dass alles, was „hinter dem Vorhang liegt", nur aus dem Blickwinkel des Glaubens zu sehen war oder gar nicht. Natürlich gibt es dafür keine Beweise.

Wie Hebräer 11,1 in der Bibel so unmissverständlich zum Ausdruck bringt: *Es ist aber der Glaube eine feste Zuversicht auf das, was man hofft, und ein Nichtzweifeln an dem, was man nicht sieht.* Und dann kurz danach (Hebräer 13,14): *Wir haben hier keine bleibende Stadt, sondern die zukünftige suchen wir.*

Wir waren immer noch unter Schock, völlig überfordert, litten unter chronischem Schlafmangel, aßen nur das Allernötigste, und wenn nicht, fiel es uns nicht einmal auf. Ich habe in den zehn Tagen im Krankenhaus fünf Kilo Körpergewicht verloren, was so ziemlich die einzige positive Begleiterscheinung war. Und auch nicht sonderlich lange vorhalten sollte.

Wir versuchten uns an jeden Strohhalm der Hoffnung zu klammern, der uns noch geblieben war. Viele Menschen in unserem Umfeld, die nicht regelmäßig in die Kirche gehen, aber trotzdem einen Funken des Glaubens in sich tragen, haben angesichts von Saras Situation angefangen zu beten. Weil es die einzige Möglichkeit war, dieser lähmenden Ohnmacht zu begegnen und das Einzige, was sie für uns tun konnten, während wir einige hundert Kilometer entfernt um das Leben unserer Tochter bangten.

Für Anja und mich gehören der Glaube, das Gebet und die Erwartung, dass Gott auf Gebete reagiert, schon seit unserer Kindheit zum alltäglichen Leben dazu. Natürlich manchmal stärker und manchmal weniger ausgeprägt, manchmal erwartungsvoller und manchmal nur gewohnheitsmäßig. Aber wir spürten jetzt ganz stark, dass dieses Festhalten an Gott und das Rechnen mit seinem möglichen Eingreifen ein wichtiger Teil unseres Lebensfundaments ist. Die Frage, wie Gott auf unsere Gebete reagiert, hat mich die ganze Zeit während des Klinikaufenthaltes begleitet.

Als Christ, der seit seiner Kindheit mit Jesus als persönlichem Gegenüber rechnet, glaube ich daran, dass er Gebet beantwortet und dass ihm nichts unmöglich ist. Ich beziehe mich beim Beten gerne auf konkrete Sätze in der Bibel und finde einen vertrauensvollen Umgang mit der heiligen Schrift richtig und wichtig. Wenn die eigene Weltsicht neben einem theologischen Verständnis auch andere Geisteswissenschaften wie Psychologie, Philosophie und Soziologie gelten lässt, kann sie uns unendlich wertvolle Anhaltspunkte für das Leben geben. Eine Schieflage entsteht für mich aber dann, wenn Christen meinen, mit Hilfe des eigenen Schriftverständnisses Gottes Verhalten und die Zusammenhänge seines Wirkens weitgehend entschlüsseln oder umfassend deuten zu können. Das ist für mich eine Selbstüberhöhung, eine Art „Turmbau zu Babel", um im biblischen Bild zu sprechen.

Denn Gott bleibt geheimnisvoll und offenbart sich uns immer nur in Teilen und Ansätzen. Niemand von uns kann Gott jemals wirklich verstehen oder beurteilen.

Deswegen sagt Paulus auch am Ende von 1. Korinther 13 (Hfa): *„Jetzt sehen wir nur ein undeutliches Bild wie in einem trüben Spiegel. Einmal aber werden wir Gott von Angesicht zu Angesicht sehen. Jetzt erkenne ich nur Bruchstücke, doch einmal werde ich alles klar erkennen, so deutlich, wie Gott mich jetzt schon kennt. Was bleibt, sind Glaube, Hoffnung und Liebe. Die Liebe aber ist das Größte."*

Wir wussten, dass wir gar nicht anders konnten, als zu demselben Gott für ein Wunder zu beten, der unseren Unfall nicht verhindert hatte. Auch wenn sich das mit vielen Sätzen nicht deckte, auf die wir über viele Jahre vertraut hatten. Zum Beispiel mit dem, dass Gott immer auf seine Kinder aufpasst und sie beschützt. Diese Spannung mussten wir in Lübeck aushalten, und wir müssen es noch heute.

Du bist Gott

Wir bauen uns Gebäude aus Gedanken
So hoch, dass sie den Himmel fast berührn
Kein Zweifel bringt sie allzu leicht zum Wanken
Kein Einspruch darf den eignen Standpunkt störn

Wir hegen unsere festgefasste Meinung
Und pflegen gut durchdacht Theologie:
Sie hat für alles, was du tust, auch eine Deutung
Und ist sich sicher, du enttäuschst uns nie

Doch du bist Gott, wir sind es nicht
Und du verhüllst dein Angesicht
Wir sehen nie das ganze Bild, nein, nur

Durch einen Spiegel, der verklärt
Nur wie durch einen Spiegel, der nicht alles erklärt
Herr, hilf uns, dir trotz allem zu vertrauen

Wir glauben fest, du spielst mit offenen Karten
Entschlüsseln mit der Bibel deinen Plan
Wenn du dann doch nicht tust, was wir von dir erwarten
Dann klagen wir dich unverhohlen an

Zu denken, wir verstehen dich, ist vermessen
Es gibt für dein Verhalten keinen Code
Wir sind nur einem Trugschluss aufgesessen
Das lernen wir oft erst in Leid und tiefer Not

Doch du bist Gott, wir sind es nicht ...

Wenn ich auf die letzten Jahre meines Liederschreibens zurückschaue, fällt mir auf, dass mich dieses Thema der „Unverfügbarkeit" Gottes schon sehr lange beschäftigt.

Im Kapitel 38 des Buches Hiob tritt Gott dem Protagonisten aus dem Sturm heraus so wortgewaltig gegenüber, dass alle Bühnenstückschreiber dieser Welt Anschauungsunterricht nehmen könnten. Und der Sarkasmus in einigen Sätzen verschärft die Botschaft noch. Hier nur ein kleiner Ausschnitt (Hiob 38, 2-28.33, Hfa):

Wer bist du, dass du meine Weisheit anzweifelst mit Worten ohne Verstand? Tritt mir gegenüber wie ein Mann, und gib mir Antwort auf meine Fragen! Wo warst du, als ich das Fundament der Erde legte? Sag es doch, wenn du so viel weißt! Wer hat ihre

Maße festgelegt und wer die Messschnur über sie gespannt? Du weißt es doch, oder etwa nicht? Worin sind die Pfeiler der Erde eingesenkt, und wer hat ihren Grundstein gelegt? Damals sangen alle Morgensterne, und die Engel jubelten vor Freude.

Wer schloss die Schleusentore, um das Meer zurückzuhalten, als es hervorbrach aus dem Mutterschoß der Erde? Ich hüllte es in Wolken und in dichtes Dunkel wie in Windeln; ich setzte dem Meer eine Grenze, schloss seine Tore und Riegel und sprach: „Bis hierher sollst du kommen und nicht weiter! Hier müssen sich deine mächtigen Wogen legen!" Sag, hast du je das Tageslicht herbeigerufen und der Morgenröte ihren Weg gewiesen? Sie fasst die Erde bei den Zipfeln und schüttelt die Übeltäter aus ihrem dunklen Versteck. In ihrem Licht färbt die Erde sich bunt wie ein Kleid; ihre Gestalt tritt hervor, deutlich wie ein Siegelabdruck auf Ton. Dann wird den Übeltätern das schützende Dunkel genommen, und ihr drohend erhobener Arm wird zerbrochen.

Bist du hinab zu den Quellen des Meeres gereist, hast du den Abgrund des Ozeans durchwandert? Haben sich dir die Tore des Todes geöffnet, die den Eingang ins dunkle Land verschließen? Hast du die Weiten der Erde überblickt? Sag es mir, wenn du das alles weißt! Woher kommt das Licht, und wie gelangt man dorthin? Woher kommt die Finsternis? Kannst du Licht und Dunkelheit an ihre Orte bringen, kennst du den Weg zu ihrem Land? Ganz gewiss, denn du warst schon geboren, als ich sie schuf, du lebst ja seit uralten Zeiten! Hast du die Vorratskammern gesehen, in denen ich Schnee und Hagel aufbewahre? Ich spare sie auf für den Unglückstag, für Kriegszeiten und Schlachtgetümmel.

Weißt du, wo das Licht herkommt und von wo der Ostwind los-
zieht? Wie gelangt man dorthin? Wer schafft den Regenfluten
eine Bahn, wer ebnet Blitz und Donner den Weg, damit Gewit-
terregen niedergehen auf unbewohntes Land, über unwegsame
Wüsten, damit die ausgedörrte Steppe durchtränkt wird und fri-
sches Grün aus dem Boden sprießt? Hat der Regen einen Vater?
Wer lässt den Tau entstehen?... Hast du die Gesetze des Him-
mels entdeckt, und kannst du sie auf die Erde übertragen?

Am Ende des ausführlichen Dialogs, der sich daraufhin ent-
spinnt, steht die wunderbare Aussage Hiobs, er habe Gott bisher
nur vom Hörensagen gekannt, aber nun habe sein Auge ihn gesehen (Hiob 42,5). Dieses „Sehen" beinhaltet, dass er Gott Gott
sein lässt und sich nicht mehr anmaßt, sein Handeln einzufor-
dern oder sinnvoll einzuordnen. Gott wird immer geheimnisvoll
bleiben, so lange wir auf dieser Erde leben. Wir können lediglich
einen sehr kleinen Teil des Puzzles erkennen.

Gott erhört unser Gebet oft nicht auf die Art und Weise, wie
wir es uns gewünscht hätten, sondern er antwortet vielleicht auf
das Gebet, das wir gebetet hätten, wenn wir gewusst hätten, was
er weiß.

Evelyn Underhill hat einmal den wunderbaren Satz geprägt:
„Wenn Gott klein genug wäre, um ihn verstehen zu können,
wäre er nicht groß genug, um ihn anzubeten."[3]

Aus der jüdischen Kultur können wir die Haltung lernen,
dass es nicht darauf ankommt, die Antworten zu kennen, sondern darauf, die richtigen Fragen zu stellen.

---

3 Zitiert im Vorwort von Elisabeth Elliot, These Strange Ashes (Grand Rapids, III:
  Revell, 1982), S. 7

Und auch das geflügelte Wort, das dem griechischen Philosophen Sokrates zugeschrieben wird, bringt eine Demut zum Vorschein, die uns Menschen gut zu Gesicht steht: *„Ich weiß, dass ich nichts weiß."* Wobei sich dieser Ausspruch nicht auf Bildung bezieht, sondern auf die Frage nach dem Guten. Was ist Besonnenheit? Was ist Tapferkeit? Was ist Frömmigkeit? Was ist Gerechtigkeit?

Der Titelsong meiner Gemeindelieder-CD von 2011 ist ein Ausdruck für die Spannung zwischen dem, was ich von Gottes Handeln schon wahrnehmen kann, und dem, was sich mir erst „jenseits des Vorhangs" offenbaren wird.

Wenn ich nur Worte hätte

Wenn ich nur sagen könnte, warum du bist, wie du bist
Wenn ich nur ahnen könnte, was dir an mir wichtig ist
Wenn ich nur fühlen könnte, was du in Liebe erträgst
Wenn ich nur fassen könnte, dass du das Weltall bewegst

Wenn ich nur hören könnte, den Klang, der alles erfüllt
Wenn ich nur sehen könnte, was meine Sehnsucht stillt
Wenn ich nur Worte hätte, dann wär der Schmerz nicht
   so groß
Ja, wenn ich Worte hätte

Noch seh ich verschwommen vor mir dein Gesicht
Und bin zu benommen für dein reines Licht
Noch trennen uns Welten, bist du noch so nah
Doch was ich schon seh, zeigt mir: Du bist wunderbar

Wenn ich nur denken könnte, was mein Verstand nicht
  erfasst
Und formulieren könnte, wo keine Formel passt
Wenn ich nur Worte hätte, sie wären ein endloses Meer
Ja, wenn ich Worte hätte

Noch seh ich verschwommen vor mir dein Gesicht...

Einzigartig, wunderbar
Treu, verlässlich, wunderbar
Unerschöpflich, wunderbar
Unveränderlich

Wir haben auch in der weiteren Woche unseres Aufenthalts im Klinikum versucht, trotz unserer fortschreitenden körperlichen und emotionalen Entkräftung täglich Berichte aus dem Krankenhaus zu schicken, um unsere Freunde und Wegbegleiter an den aktuellen Entwicklungen teilhaben zu lassen. Die Anteilnahme an unserer Situation war überwältigend. Meine ehemaligen Arbeitskollegen bei Gerth Medien schickten übersetzte Versionen unserer Berichte an Musiker- und Plattenfirmenkollegen in England, den USA und Australien. Mein langjähriger Freund und Wegbegleiter Gaetan teilte sie in den Verteilern der Worship Academy und des SPRING-Gemeindeferienfestivals, die einen guten Teil des deutschsprachigen Raums abdeckten, und über unsere Kirchengemeinde gelangten unsere Nachrichten bis nach Afrika. So bekamen wir eine Vielzahl von E-Mails aus aller Welt.

Die, die uns aber am meisten nahegingen, waren die aus unserem unmittelbaren Umfeld – von den Familien der besten

Freundinnen Saras und ihrer Schulklasse, von unseren Nachbarn und Freunden. Und von meinen Musikerkollegen, die während gemeinsamer Touren und Studioarbeiten immer wieder tage- oder sogar wochenweise bei uns gewohnt hatten. Von denen also, mit denen wir unser Leben teilen. Die unser Mädchen kannten, wie sie die Treppe herunterstürmte oder wie ihre Stimme klang, wenn sie vom Gehweg vor unserem Haus schon zu hören war. Die Sara persönlich vermissen würden, weil sie auch zu ihrem Leben gehört hatte. In der Not werden wir in erster Linie auf die Menschen geworfen, die wirklich eng an unserem Herzen sind.

5.9.14
Liebe Freunde,

Saras Gesamtzustand unter dem Einfluss der Medikamente ist stabil, aber weiterhin lebensbedrohlich. Das CT heute hat eine leichte Verschlechterung angezeigt und nicht die erhoffte Verbesserung. Das ist sehr ernst. Eine weitere neurologische Untersuchung fiel aber für die Ärzte leicht positiver aus als erwartet. Morgen wird ein weiteres CT gemacht, welches richtungsgebend für die weitere Behandlung ist. So durchleben wir auch heute wieder ein Wechselbad der Gefühle. Weil wir so oft gefragt werden: Wir sind weiterhin von unseren Familien eng umsorgt und brauchen daher im Moment keine Hilfe, Wohnung, Fahrdienste etc., sind Euch aber sehr dankbar für das Angebot. Und weiterhin so sehr dankbar für Euer Mittragen und Eure Gebete…

6.9.14
Liebe Freunde!

Gestern haben wir Euch geschrieben, dass das CT von heute richtungsweisend für die weitere Behandlung von Sara und die Einschätzung ihres gesundheitlichen Gesamtzustandes sein würde. Das ist tatsächlich auch eingetreten, und leider haben wir auch heute keine guten Nachrichten für Euch. Die Zerstörung der Zellen in der linken Gehirnhälfte und im Stammhirn ist weiter vorangeschritten. Sara zeigt nach wie vor keine Reflexe. Der nächste medizinisch konsequente Schritt ist nun, die milde Sedierung, die Sara im künstlichen Koma hält, abzusetzen, um zu schauen, ob der Körper eigene Vitalfunktionen übernimmt oder Reflexe zeigt. Nach Einschätzung der Ärzte ist dies eher unwahrscheinlich, was minimal 72 Stunden lang beobachtet wird. Sollten bis dahin keine positiven Anzeichen erkennbar sein, müssen wir von unserem Mädchen Abschied nehmen. Bitte betet weiter für die Situation: für uns (die Kräfte schwinden), für Tim und natürlich für Sara. Denn solange es noch Hoffnung gibt, gibt es Hoffnung, auch wenn die ein Wunder benötigt. Wir können kaum ausdrücken, wie sehr uns Eure Unterstützung und Euer Gebet helfen, mit dieser absoluten Grenzsituation umzugehen.

8.9.14
Liebe Freunde,

bitte habt Verständnis dafür, dass wir es seit gestern Morgen nicht geschafft haben, Euch zu schreiben. Wir befinden uns in einem ständigen Auf und Ab zwischen Hoffen und Bangen, Beten und einfach nur bei Sara sitzen. Wir haben uns gemeinsam

mit den Ärzten entschieden, Sara in den nächsten Tagen die
größtmögliche Ruhe zu geben, damit sich das Gehirn von dem
Trauma erholen kann; in Folge dieser Entscheidung wird in
den nächsten Tagen auf jede Form von Untersuchung verzich-
tet, die nicht Standard-Prozedere im Intensiv-Zimmer ist. Saras
Gesundheitszustand hat sich nach Ansicht der Ärzte medizinisch
seit Samstag nicht verbessert. Ihr Kreislauf war in den letzten
24 Stunden zuweilen arg durcheinander, was uns natürlich nicht
gerade beruhigt hat. Leider sind seit Mittwoch auch keine Reflexe
bei ihr zu beobachten gewesen. Es bleibt dabei: Wir brauchen für
Sara ein Wunder. Dass das Gehirn abschwillt, dass Reflexe zu
sehen sind (Husten, Reaktion der Pupillen etc.), dass der Körper
beginnt, die Tätigkeiten der Maschinen, wie Atmung, eigenständig
zu unterstützen. Und mehr als alles andere, dass sich zerstörte
Gehirnzellen regenerieren und gesunde Gehirnteile die Funktion
von zerstörten Zellen übernehmen. Dafür beten wir, aber mehr
als alles andere wollen wir nur, dass es unserem Mädchen gut
geht. Heute war Tim zu Besuch – wir konnten viel reden und
hatten eine gute und intensive Zeit miteinander. Dafür sind wir
sehr dankbar. Ab morgen wird auch seine Patentante zu Besuch
sein. Eure Zuschriften trösten uns; es ist gut zu wissen, dass so
viele Menschen für uns beten. Ohne das würden wir es nicht
schaffen. Heute haben wir Platz im Ronald McDonald-Haus
bekommen, einer Wohnanlage auf dem Krankenhaus-Gelände.
Auch das ist ein Segen. Arne & Anja

Wenn ich diese Nachrichten mit Abstand lese, dann fällt mir
auf, wie oft darin das Wort „dankbar" vorkommt, was ja scheinbar im Widerspruch zu allem steht, was wir an Leid in dieser
Woche erlebt haben.

Aber ich glaube, **es sind gerade die schmerzvollen Zeiten in unserem Leben, in denen uns bewusst wird, wie ergänzungsbedürftig wir sind. Dass wir Freunde brauchen, die uns die Arme hochhalten, wenn wir dazu keine Kraft mehr haben. Oder die uns einen neuen Blickwinkel eröffnen, wenn wir mit unserem Latein am Ende sind.**

Die uns sagen, dass sie Tag und Nacht in Gedanken bei uns sind und uns so süße Sätze schicken wie: *„Liebe Sara, die Sonne scheint für dich und deinetwegen, und wenn sie müde wird, dann fängt der Mond an, und dann werden die Sterne angezündet."*

Vor allem solche Zuschriften von Saras Freundinnen haben in den Tagen im Krankenhaus und danach Tränenfluten bei uns ausgelöst. Eine nahm auf das Fußball-WM-Finale Bezug, das wir mit einer großen Zahl von Freunden und Nachbarn wenige Wochen vorher gemeinsam geschaut hatten:

Hallo Sara, ich möchte Dir etwas erzählen! Ich hoffe, bete und denke jeden Abend an Dich. An Dein Lachen, an Deine Fröhlichkeit, an Deine Gabe, Menschen zum Lachen zu bringen – an all das denke ich! Du bist einfach ein wundervoller Mensch!! Ich bin so glücklich, Dich zu kennen oder kennengelernt zu haben. Weißt Du noch, das Deutschlandspiel, das Finale? Wir saßen auf dem Esstisch, haben gezittert, uns an den Händen gehalten. Wir beide wussten, Götze schießt DAS TOR! Wir haben nie aufgehört, daran zu glauben, und dann passierte es: wir gewannen. Wir lagen uns in den Armen, haben geschrien, uns gefreut, und ja, wir wurden Weltmeister! Ich wollte damit sagen, dass nichts, gar nichts im Leben funktioniert, ohne hart dafür zu kämpfen! Und ich weiß, dass Du jede Sekunde kämpfst! Danke, und ich bete für Dich...

Saras Schulklasse, ihre Kindergottesdienstgruppe und auch viele weitere Freundinnen haben ihr geschrieben und Bilder für sie gemalt, um ihre Liebe und Hoffnung auszudrücken. Aber auch, um die Tage der Ungewissheit in der Ferne etwas verarbeiten zu können. So auch die zwei engsten Freundinnen, die später auch den Mut hatten, sich im Abschiedsgottesdienst vor mehreren hundert Menschen vorne auf die Altarstufen zu stellen, um auszudrücken, was ihnen Sara bedeutet.

Unendlich dankbar waren wir den Schwestern, die gewissenhaft und liebevoll ihre Arbeit an Saras Bett geleistet haben. Mit einer von ihnen habe ich noch einige Monate geschrieben. Und auch für die Ärzte, die uns keine falschen Hoffnungen machten, sich aber Zeit nahmen, bis auch die letzte unserer medizinischen Fragen beantwortet war. Auch auf die Rückfrage, wofür sie beten würden, wenn dort ihr Kind läge, haben sie erstaunlich präzise Antworten gegeben. Im „Entlassbrief" von Sara wird später stehen:

Zu jeder Zeit fanden ausführliche und offene Gespräche mit Saras Eltern und weiteren Familienangehörigen über die ausgeprägten und lebensbedrohlichen Verletzungen von Sara statt. Auch Saras Bruder wurde aktiv einbezogen. Die Eltern und Familie nahmen an allen Entscheidungen des Behandlerteams teil. Saras Familie ist tief im christlichen Glauben verwurzelt und Saras Eltern und Bruder wurden in dieser schweren Zeit getragen durch den engen Familienzusammenhalt und ihren Glauben.

Wir waren auch dankbar für die Freunde, die uns besuchen kamen. Nicki, unsere Pastorin, reiste zusammen mit Tims Patentante Christina aus Frankfurt an, sie mieteten eine Wohnung in Lübeck und standen uns ein paar Tage vor Ort tatkräftig und betend zur Seite. Jörn, einer meiner engsten Freunde und musikalischer Wegbegleiter seit vielen Jahren, kam am ersten Samstag aus Bremen angereist und war einige Stunden ganz für mich da – in meiner ganzen zum Himmel schreienden Not, Angst und Verzweiflung am anderen Ende meines Kämpferherzens. Und Alex, Saras Patenonkel und mein langjähriger Bandkollege, kam noch am Tag vor Saras Tod zusammen mit Ecki, meinem Schlagzeuger, mit dem mich jetzt ein gemeinsames Schicksal verband. Ich werde später noch davon berichten.

Die Worte, die unsere Freunde uns sagen konnten, waren begrenzt. Aber das Empfinden, dass wir in unserer Not nicht allein waren und sie unsere ewige Hoffnung teilten – selbst wenn sich die diesseitige Hoffnung nicht erfüllen würde –, war unschätzbar wichtig.

Mehr als für alles andere war ich in diesen Tagen aber dankbar für meine Frau! Die sich in völliger Selbstaufopferung Tag und Nacht neben das Bett unseres Mädchens setzte, ihre Hand hielt, sie zusammen mit den Schwestern wusch und umbettete. Die ihr bis zum Schluss weiter aus Büchern vorlas, obwohl ich innerlich manchmal hätte schreien mögen: „Warum machst du das? Sara kann die Geschichte doch gar nicht mehr hören." Es war ein Ausdruck der selbstlosesten Liebe, die ich in meinem Leben je beobachten konnte.

Mir wurde bewusst, dass Sara sich in diesem Leben keine liebevollere Mama hätte wünschen können, und dass sie hier, am viel zu frühen Ende angekommen, von so viel Liebe umgeben war, wie es vielleicht nicht allzu viele Menschen erleben. So paradox es klingen mag: In diesen Tagen stand mir wieder glasklar vor Augen, warum ich meine Frau liebe und ihr am Altar versprochen habe, mit ihr durch dick und dünn zu gehen. Auch wenn ich keine Ahnung gehabt hatte, wie dick es kommen würde. Auch wenn ich keinen blassen Schimmer hatte, ob sie mich nach Saras Tod noch würde zurücklieben können. In den nächsten Monaten und Jahren würde diese Liebe der größten Belastungsprobe ausgesetzt sein, die unsere Ehe in den bisherigen 25 Jahren erlebt hat.

Das ist Liebe für mich

Liebe ist für mich, sich nicht drauf auszuruhn
Treu und pflichtbewusst das Richtige zu tun
Nein, Liebe ist für mich: Ich bin ein offenes Buch
Darum lies in meinen Seiten
In den guten und schlechten Zeiten

Liebe ist für mich: Es gibt keinen Plan B
Die Folge davon ist: Sie tut manchmal weh

Doch Liebe ist für mich:
Ich nehm mein Herz in die Hand
Und halt es dir entgegen
In der Sonne und auch im Regen

Du und ich, wir zwei sind eins
Teilen nicht mehr in meins und deins
Liebe lässt sich nicht entzweien
Lässt sich vorbehaltlos aufeinander ein

Du und ich, wir zwei sind eins
Teilen nicht mehr in meins und deins
Halten aneinander fest
Und bestehen jeden Test
Das ist Liebe für mich

Liebe ist für mich wie ein weit verzweigter Baum
Der sich schützend erhebt in unserem Lebensraum
Wo er seine Schatten wirft, blühen unsere Kinder auf
Denn die Früchte seiner Zweige
Gehen auch im Winter nicht zur Neige.

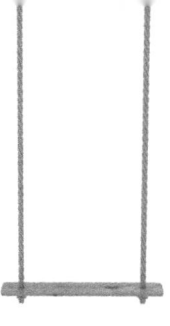

KAPITEL 4
LOSLASSEN

11.9.14

Liebe Freunde,

wir wollen nicht aufhören, Euch auf dem Laufenden zu halten, auch wenn das gerade nicht leichter geworden ist. Das größte Problem aktuell ist, dass seit einiger Zeit Saras Blutdruck unberechenbar geworden ist und mal beängstigend hoch und dann wieder beunruhigend niedrig ist. Das hat heute zu sehr brenzligen Situationen geführt, und die Stabilisierung des Blutdruckes wird eine Voraussetzung sein, dass Sara es durch die nächsten Stunden schafft ...
Wir haben uns in den letzten Tagen entschlossen, hinsichtlich der Vorgehensweise und Akutbehandlung von zwei neurologischen Chefärzten im Bundesgebiet weitere Meinungen einzuholen. Ihre Rückmeldungen stützen das bisherige Vorgehen der Ärzte; einem ergänzenden Hinweis gehen die Lübecker Ärzte vor Ort vermutlich morgen nach. Es fühlt sich so an, als ob wir langsam, aber sicher auf eine Zielgerade einbiegen könnten. Noch immer ist ein Wunder möglich, noch immer sind die medizinischen Fakten

und aktuellen Geschehnisse eher niederschmetternd. Wir wollen für Sara das Beste und haben beide eine tiefe Gewissheit, dass es ihr an dem Ort, wo sie jetzt gerade ist, gut geht: dass sie keine Schmerzen hat und dass Gott über ihr wacht.

Die Mail vom 11. September war die letzte, die wir dem größeren Verteiler zugesendet haben – vor den Abschiedsworten zwei Tage später, die am Anfang dieses Buches zu lesen sind. Und auch wenn sie sehr gefasst klingt, ruft sie mir sofort wieder den inneren Tumult in Erinnerung, in dem wir uns befunden haben.

Es ist eine verstörende Realität, dass ein menschlicher Körper durch Maschinen am Leben gehalten werden kann, obwohl das, was ihn im Kern ausmacht, schon weitergezogen ist. In den begleitenden Gesprächen mit den Ärzten haben wir von Tag zu Tag den Gedanken mehr zulassen müssen, dass Sara wahrscheinlich im Moment des Unfalls sofort tot war und Anja das als Mutter schon im ersten Moment instinktiv erfasst hat. Das Problem ist nur, dass man das bei einem Komapatienten nicht so klar wissen kann. Oft dauert es bei so schweren Unfällen Wochen oder sogar Monate, bis wieder Lebenszeichen zu sehen sind. Deswegen war es uns auch so wichtig, mit den vorliegenden ärztlichen Untersuchungsergebnissen und den Bildern, die uns das Klinikum freundlicherweise auf CD zur Verfügung stellte, zwei unabhängige Neurochirurgen im Bundesgebiet anzuschreiben, die zu den absoluten Koryphäen in ihrem Bereich zählen.

Die Kontaktdaten dieser Fachärzte waren uns von der Freundin einer Freundin weitergeleitet worden, deren Tochter selbst einige Jahre zuvor ein schweres Schädel-Hirn-Trauma erlitten hatte und ins Koma gefallen war. Die behandelnden Ärzte wollten sie bereits einige Tage nach dem Unfall aufgeben und zur

Organspende freigeben, weil nach ihrer Einschätzung das Mädchen keine Überlebenschance hatte. Ihre Mutter hat sich dem damals aber widersetzt und darauf bestanden, dass sie weiter auf der Intensivstation versorgt wird. Sie lag einige Monate im Koma, hat sich aber nach und nach ins Leben zurückgekämpft. Ihre Mutter hat inzwischen einen Verein gegründet, der sich um die Verbesserung der post-akuten Behandlung von Kindern und jungen Erwachsenen mit einer Schädel-Hirn-Verletzung kümmert.

Wir waren dankbar, dass wir von beiden Spezialisten schnell und unkompliziert Antwort erhielten. Diese unabhängigen Einschätzungen waren für unsere Familie von großer Bedeutung, weil sie uns die Diagnose der vor Ort behandelnden Ärzte bestätigten und damit das Gefühl gaben, dass Sara vom ersten Eintreffen im Krankenhaus an in höchst professioneller Hand gewesen war. Es war wirklich alles für sie getan worden, was man aus medizinischer Sicht hätte tun können. Für den Prozess des Loslassens, dem wir uns jetzt langsam stellen mussten, war das ein unerlässliches Wissen. Mit an Sicherheit grenzender Wahrscheinlichkeit hätte keine andere medizinische Versorgung Saras Zustand zum Positiven verändern können.

Zum Loslassen gehörte für mich auch, an Saras Bett um Vergebung zu bitten. Für die Bereiche, in denen ich ihr nicht der Papa gewesen bin, den ein wunderbares Mädchen wie sie verdient hätte. Selbst in einer an sich intakten, liebevollen Vater-Tochter-Beziehung gibt es leider diese Bereiche. Für meine Ungeduld, wenn sie wieder einmal nachts nicht schlafen konnte und zu uns kam, ich aber nur meine Ruhe wollte. Für die vielen Male, wo ich ihre Rücksicht eingefordert habe, aber stattdessen der Vater hätte sein sollen, der seine Bedürfnisse etwas häufiger zurückstellt, um Zeit mit seiner Tochter zu verbringen. Zeit, die jetzt das kostbarste Gut zu sein schien.

Vor einigen Jahren war mir schon bewusst geworden, dass meine Work-Life-Balance in eine Schräglage geraten war. Ich weiß nicht, wie oft ich als der vielbeschäftige Tausendsassa, der ich Tims und Saras ganzes Leben lang war, in Bezug auf falsch gesetzte Prioritäten an meiner Familie schuldig geworden bin.

Es ist nicht leicht, in einer Ehe mit zwei Alphatieren, die in den Bereichen ihres Lebens, die sie als wichtig erachten, zum Perfektionismus neigen, auf einen Nenner zu kommen. Gerade in den Babyjahren von Sara habe ich mich gern auf meinen Beruf zurückgezogen, weil Anja aufgrund ihrer Erziehung, ihrer praktischen Intelligenz und ihres messerscharfen Verstands die Belange der Familie so gut im Griff hatte, dass ich mir daneben oft seltsam hilflos und auch überfordert vorkam. Vielleicht hatte ich auch nur das Empfinden, ihren Ansprüchen nicht genügen zu können. In Verbindung mit einem mir eigenen Phlegma bei gleichzeitiger Dickköpfigkeit ergab das eine zuweilen sehr unheilvolle und explosive Mischung.

Meine Jugendjahre hatte ich auf einer elitären Schule verbracht, und die Statussymbole, die meine Mitschüler besaßen, konnten wir uns als Pastorenfamilie nicht leisten. Gepaart mit meinem offen gelebten Glauben hat mich das schnell zum Außenseiter werden lassen. Damals habe ich einigen seelischen Ballast angehäuft, mit dem ich in meinem Erwachsenenleben immer wieder zu kämpfen hatte. Dazu gehörte ein sensibles Gerechtigkeitsempfinden, was zu einer gering ausgeprägten Kritikfähigkeit führte. Und das Bedürfnis, mich selbst vor schmerzlicher Ablehnung zu schützen. In erster Linie betraf das die

Menschen direkt um mich herum, weil mir ihre Meinung und Wertschätzung besonders wichtig waren und ihre Kritik daher besonders wehtat. Ich war sehr routiniert darin, Erklärungen und Entschuldigungen für mein Verhalten zu finden, auch wenn ich im Innersten wusste, dass einiges davon nicht in Ordnung war.

Eingefahrene Verhaltensmuster gibt es in jeder Beziehung, in jeder Ehe und Familie. Aber wenn die Zeit auf einen Schlag nicht mehr zurückzudrehen ist, dann schmerzen das eigene Fehlverhalten und die Versäumnisse, die auf einmal unmittelbar vor Augen stehen, umso heftiger.

Nachdem ich mich nicht selten aus dem Familienleben in die Komfortzone der vermeintlichen beruflichen Stärken zurückgezogen hatte, war die plötzliche Erkenntnis, dass ich die Dinge mit Sara nie mehr nachholen kann, die wir bis dahin nicht gemeinsam erlebt haben, absolut niederschmetternd. Die Endgültigkeit, mit der eine Verlängerung, ein Aufschub, eine weitere Chance unwiederbringlich ausgeschlossen waren, erschütterte die Grundfesten meines eigenen Ehrgefühls. Ich habe im Nachhinein viele Tränen darüber vergossen, dass ich in Saras Leben einige Stationen versäumt habe: Auf keinem der Elternabende gewesen zu sein. Einige ihrer Aufführungen nicht miterlebt zu haben. Und wichtiger noch: Im Alltag immer wieder an Kleinigkeiten nicht Anteil genommen zu haben, die ihr lieb und teuer waren.

Sara hat mir nie das Gefühl gegeben, sie damit verletzt zu haben. Als Kind nimmt man wohl vieles im Verhalten der Eltern einfach hin. Aber so sehr ich sie auch geliebt habe und das auch zum Ausdruck brachte, wo ich nur konnte, schmerzt das Bewusstsein der eigenen Versäumnisse umso stärker, je unabänderlicher sie sind.

Nur eine kleine Sache

Nur noch eine kleine Sache gibt es immer noch zu tun
Nur noch diese kleine Sache, und dann kann die Arbeit ruhn
Wird bestimmt nicht lange dauern, nur noch einen
   Augenblick
Auf wie viele solche Sachen schauen wir wehmütig zurück

Das hier ist gerade dringend, tu es hier und tu es jetzt
Nur noch diese eine Sache, so leicht haben wir uns verschätzt
Und die Menschen, die wir lieben, ein ums andere Mal
   versetzt
Wollten eine Pflicht erfüllen und haben andere verletzt

Doch Liebe ist, die eine Sache nicht zu tun
Sie einmal zu vertagen, zu lernen, Nein zu sagen
Und einen Tag zu ruhn, die eine Sache nicht zu tun

Es ist schwer zu ertragen, wie schnell die Welt sich dreht
Das „Höher, schneller, weiter", das Schreckgespenst „Zu spät"
Unbegrenzte Möglichkeiten, uns bleibt nur die Qual der Wahl
Doch die Menschen, die wir lieben, sind unser größtes
   Kapital

Denn Liebe ist, die eine Sache nicht zu tun …

Und wir hören ein ganzes Leben lang das Ticken unserer Uhr
Sehn die Zeiger rastlos kreisen in der eingefahrenen Spur
Definieren, wer wir sind, meist durch die Dinge, die wir tun
Viel zu selten kommen wir zur Ruh

Wenn wir irgendeine Form von Unrechtsbewusstsein in uns tragen, schmerzt uns das eigene Fehlverhalten tief. Und in Bezug auf unsere Kinder noch viel mehr. Es kommt nicht von ungefähr, dass das Thema Schuld und Sühne so elementar in den Grundfesten aller Religionen dieser Erde verwurzelt ist, nicht nur im Christentum.

Seit den Teenager-Tagen, in denen meine persönliche Beziehung zu Jesus begann, habe ich mit dem inneren Leitsatz gelebt, dass der Sohn Gottes an meiner Stelle meine Verfehlungen und Versäumnisse getragen hat. Für mich ist das eine der Kernaussagen des christlichen Glaubens: dieses unverdiente Geschenk, im Fachjargon auch *Gnade* genannt, das uns Jesus gemacht hat, aus selbstloser Liebe, zu der wir Menschen nur sehr bedingt in der Lage sind.

Wenn ich dieses Geschenk der Gnade richtig zu schätzen wissen möchte, muss mir bewusst sein, dass ich durch und durch erlösungsbedürftig bin und bleibe. Nicht nur in Bezug auf die Dinge, die ich bewusst oder unbewusst falsch mache, sondern auch auf die, die ich wider besseres Wissen oder aus reiner Gewohnheit tue oder unterlasse. Und auch wenn sich mein moralischer Kompass in einem ständigen Kalibrierungsprozess befindet, wird meine grundlegende Erlösungsbedürftigkeit dadurch nicht geringer.

Auch wenn der Ausgang der Untersuchungen des Unfallgeschehens noch Monate auf sich warten lassen sollte, so war mir schon dort im Krankenhaus bewusst, dass ich in jedem Fall eine Mitschuld trug. Ich war auf eine Vorfahrtsstraße abgebogen und hatte das mir entgegenkommende Fahrzeug nicht gesehen. Ein Fehler, der meine Tochter wohl das Leben kosten würde.

Dieser Wahrheit ins Auge zu schauen, war und ist wohl die schwierigste Aufgabe in meinem Leben. Und dort, allein im Intensivkrankenzimmer mit Sara, konnte ich nicht mehr tun, als sie für meine Schuld an dem Unfall um Vergebung zu bitten. Ohne, dass sie erwidern konnte: „Es ist okay, Papa, mir geht es hier doch gut. Und du hast mir fast jeden Tag meines Lebens das Gefühl gegeben, geliebt zu sein."

Ich hätte so gern ein letztes Mal gehört, dass sie mir verzeiht und dass sie mich lieb hat. Hätte gern von ihr gehört, dass ich mir keine Gedanken um sie machen muss. Stattdessen konnte ich ihr nur meine Liebe zuflüstern, die kleinen Hände halten und Gott bitten, dass er Sara meine Worte an den Ort übermittelte, wo sie jetzt gerade war.

Denn Anja und ich hatten in den letzten Tagen mehr und mehr das Gefühl gehabt, dass dort im Krankenzimmer nur noch ihre Hülle lag, ihre Seele aber längst Flügel bekommen hatte.

Die Krankenschwestern hatten uns mehrfach gebeten, ein paar Bilder von Sara mitzubringen und neben dem Bett aufzuhängen. Das kam uns am Anfang komisch vor, weil sie doch dort im Zimmer lag. Wir verstanden erst etwas später, dass diese Fotos von unserem lebenslustigen, verschmitzten kleinen „Quirl" für sie sehr wichtig waren, weil sie ja nur das reglose Mädchen kannten, das da im Bett lag und nicht den Charakter und die einzigartige Persönlichkeit offenbarte, die unsere Sara ausmachte. Wir haben uns also den aktuellen Foto-Jahreskalender unserer Familie von Maren mitbringen lassen und alle Bilder von Sara ausgeschnitten und mit Tesafilm an die Wände ihres Behandlungszimmers geklebt. Auf den Bildern kam so viel von Saras Wesen zum Ausdruck, und wir haben kleine Anekdoten von unserem Mädchen erzählt, die wir mit den Fotos verbanden.

In den letzten Tagen in Lübeck bekam ich einen Anruf, der einen absurden Umstand zum Thema hatte. Ich bin über viele Jahre als Musiker mit meiner Familie in der Woche nach Ostern zum SPRING-Gemeindeferienfestival gefahren. In dieser Woche kommen rund 3500 Christen aus den unterschiedlichsten Konfessionen und dem gesamten deutschsprachigen Raum an einem Ort zusammen, um gemeinsam zu singen, Bibelarbeiten und Vorträge zu hören, aus Hunderten von Workshops zu christlichen, ethischen oder alltagspraktischen Themen auswählen zu können und gleichzeitig vielseitige Freizeitangebote vorzufinden – und all das für die gesamte Familie vom Kleinkind bis zum Seniorenalter. Unsere Kinder sind mit dieser alljährlichen Veranstaltung groß geworden und haben dort jedes auf seine Art erste Erfahrungen mit dem Glauben gemacht.

An Ostern 2014 habe ich mit kleiner Besetzung als Objektband in der katholischen Kirche die dort stattfindenden Veranstaltungen musikalisch begleitet. Und am Dienstag, dem zweiten Tag des Festivals, bin ich mit meiner Frau ins 1½ Stunden entfernte Siegen gefahren, um meinen langjährigen Schlagzeuger Ecki und seine Familie auf dem schwersten Gang ihres bisherigen Lebens zu begleiten: Sie mussten ihre Tochter Clara zu Grabe tragen, die in der Nacht zum Ostersonntag ihrer Krebserkrankung erlegen war. Wir hatten Sara für diesen Nachmittag auf dem SPRING-Festival in der Obhut von Kenneth und Judith gelassen, meinem Percussionisten und seiner Verlobten. Sie hatten sich einen Teil der Zeit bei Kakao und Waffeln im Café mit „Halli Galli" spielen vertrieben. Irgendwann kam einer der Fotografen des SPRING-Festivals vorbei und fragte, ob er Fotos von ihnen machen und ein kurzes Video drehen dürfe.

Kurz vor Saras Tod bekamen wir nun die Mitteilung, dass das fröhliche Foto, das in unserer Abwesenheit mit Kenneth, Judith und Sara aufgenommen wurde, das Titelfoto für die Einladungsbroschüren geworden sei.

Die Verantwortlichen hatten Sara offensichtlich nicht unserer Familie zugeordnet und deswegen nicht gewusst, wer wegen einer Freigabe anzuschreiben war; jetzt fragten sie ganz bestürzt an, ob die Prospekte wegen der Situation eingestampft werden sollten. Anja und ich überlegten nicht lange, denn wir waren sowieso mit allem, was geschah, hoffnungslos überfordert, konnten an den merkwürdigen Umständen der Foto-Story nichts ändern und wussten nur zu gut, dass Sara die SPRING-Festivals geliebt hatte. Sie hätte es vermutlich hochspannend gefunden, auf dem Cover zu sein.

Was wir erst später verstanden, war, dass Saras Bild nach ihrem Tod nicht nur auf dem Cover der Prospekte landete, sondern sie strahlte auch von 3500 Programmheften, ungezählten Postern und im Promo-Video von SPRING. Noch Monate später sollte uns immer wieder unvermittelt das Gesicht unserer Tochter in Zeitschriften begegnen, in denen eine Anzeige für das Festival geschaltet worden war.

War das alles nur ein Zufall? Für uns fühlte es sich auf jeden Fall seltsam an. Umso mehr, da das Motto dieser Veranstaltung „Leb! Los!" hieß ...

Kurz vor Saras Tod konfrontierten uns die Ärzte der Station sehr behutsam mit der Frage, ob wir eine Organspende in Erwägung ziehen würden. Das war für uns eine entsetzliche Entscheidung, die uns in dem Moment schlicht überforderte. Ich glaube, Anja und ich haben sie nur dem Instinkt folgend getroffen. Wir

spürten, dass dieses zusätzliche emotionale Opfer und die damit verbundenen Konsequenzen weit über unsere verbliebenen Kräfte hinausgingen.

Es ist eine Sache, in der Schule im Ethikunterricht darüber zu diskutieren, ob das Allgemeinwohl immer über der Komfortzone des Einzelnen steht – und eine ganz andere, eine solche Entscheidung am Bett seines eigenen Kindes treffen zu müssen. Unsere Entscheidung wurde später noch einmal hart auf die Probe gestellt, als der Richter eine Obduktion anordnete, da ja ein Unfall die Ursache von Saras Tod gewesen war.

Und dann kam der Tag, an dem wir von ihr Abschied nehmen mussten. Der Tag vor Saras elftem Geburtstag. In der Nacht hatte ihr gesamter Organismus schon Kapriolen geschlagen – immer höhere Dosen von Adrenalin waren nötig geworden, um die Lebensfunktionen künstlich aufrechtzuerhalten. Seit dem Unfall waren zehn Tage ohne eigenständige Lebenszeichen vergangen, und unsere letzten Zweifel an der Unabänderlichkeit der Situation waren in den letzten 48 Stunden ausgeräumt worden. Alle ärztlichen Untersuchungen konnten nur die fortschreitende Zerstörung der Gehirnregionen attestieren, die durch den Aufprall beim Unfall direkt betroffen worden waren.

Es gehört zu den Unbegreiflichkeiten meines Sommers 2014, dass vier Wochen vor unserem Unfall Markus, ein lieber Songwriter-Kollege aus der Pfalz, mit mir zusammen den Song „Wir werden uns wiedersehn" geschrieben hat. Er hatte, wie meine ganze Familie, die erste Staffel von „Sing meinen Song – das Tauschkonzert" gesehen und dabei auch die Folge, in der Xavier Naidoo den Andreas-Gabalier-Song „Amoi seg' ma uns wieder" (Einmal sehen wir uns wieder) interpretiert hatte. Er war, wie ich auch, davon sehr berührt worden, hatte aber die klar formulierte Hoffnung auf die Auferstehung vermisst, die wir als Christen in uns tragen. Deswegen hatte er begonnen, einen solchen Song zu schreiben, und am 24. Juli saß er bei mir im Studio, damit wir ihn gemeinsam fertigstellen. Ich hatte damals keine Ahnung, wie sehr uns die Zeilen des an diesem Tage entstehenden Textes noch begleiten würden. Und dort am Sterbebett von Sara hörten Anja, Tim und Maren das Lied zum ersten Mal:

Wir werden uns wiedersehn

In dieser Welt hat nichts ewig Bestand
Mein ganzes Leben liegt allein in Gottes Hand
Was ich hab und bin, das hat er mir geschenkt
Wie lang mein Herz schlägt, das wird allein von ihm gelenkt
Und in der Trauer, dass ein geliebter Mensch fortgeht
Trägt uns die Hoffnung, dass neues Leben bevorsteht

Wenn wir bei Jesus sind in seiner Herrlichkeit
Wo es kein Leid mehr gibt und keine Tränen mehr
Was uns jetzt traurig macht, ist dann schon lange her

Wenn wir uns dann wiedersehn in Gottes neuer Welt
Haben wir neue Körper, die keine Krankheit quält
Zum allerersten Mal sind unsre Herzen rein
Wo Gott zu Hause ist, kann nur Licht und Liebe sein

Ein jedes Haar auf meinem Kopf ist gezählt
Gott kennt die Summe, hat selbst die Farbe gewählt
Doch mein Leben hier ist geliehene Zeit
Auf meiner Reise in diese andre Wirklichkeit
Und in der Trauer, dass ein geliebter Mensch fortgeht
Trägt uns die Hoffnung, dass neues Leben bevorsteht

Wir werden uns wiedersehn in der Ewigkeit ...

Die Belegschaft auf der Station behandelte die Situation in Zimmer 13 mit so viel Würde, wie es für den Betrieb auf einer Intensivstation nur möglich ist. Schwester Sandra war extra ins Krankenhaus gekommen, obwohl sie gar keinen Dienst hatte. Sie verspürte das Bedürfnis, uns an diesem unendlich schweren Tag beizustehen, und brachte Anja eine wunderschöne Rosenblüte aus ihrem Garten mit. Anja hat diese Blüte nach Hause mitgenommen und trocknen lassen – noch immer stehen die Blätter als Erinnerung an diesen Tag in einem Glas auf unserem Wohnzimmerschrank ...

Es schien auch so, als hätte das gesamte Personal auf der Station von dem besonderen Mädchen und der Atmosphäre in diesem Zimmer gehört. Selbst Menschen, die nicht direkt an Saras Versorgung beteiligt gewesen waren, hatten das Bedürfnis, Abschied von ihr zu nehmen.

Es ist unmöglich, die Empfindungen in Worte zu fassen, die uns an jenem Tag im September bewegten. Ich weiß nur, dass wir uns gegenseitig noch nie so sehr gebraucht haben wie in diesen Momenten.

Wir haben den restlichen Tag zu dritt verbracht. Es war eine erste Annäherung an das Wissen, das erst ganz allmählich in unser Herz sinken würde: dass wir von diesem Moment an als Familie nur noch zu dritt durchs Leben gehen würden.

Abends, bevor wir gemeinsam schlafen gingen, habe ich Tim und Anja darum gebeten, dass wir uns in den nächsten Wochen mit Samthandschuhen anfassen, weil unsere Herzen so wund und verletzlich waren wie niemals zuvor. Dann habe ich Gott gebeten, unsere Sara an unserer Statt fest zu herzen und zu drücken und ihr all das zu geben, was wir ihr jetzt nicht mehr geben konnten.

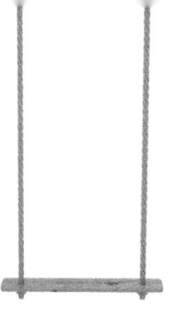

KAPITEL 5

WENN NICHTS MEHR IST,
WIE ES FRÜHER WAR

Auf die Rückkehr in ein Haus, das vor kurzem noch mit der Stimme unserer Tochter erfüllt war und es nun nie mehr sein wird, kann man sich nicht vorbereiten.

Unsere beiden Kinder hätten in ihrer Wesensart nicht viel unterschiedlicher sein können. Während man Tims Anwesenheit im Haus oft nur daran erkannte, dass seine Turnschuhe im Eingangsbereich standen, war Saras Präsenz nie lange zu überhören gewesen. Sie hatte eine laute, fröhliche Art, die ansteckte, und auch wenn sie unsere Treppe herunterstürmte, war das ein Statement ihrer Energie und Lebensfreude.

Ich werde nie den Tag vergessen, als wir zum ersten Mal nach unserem Unfall wieder auf unsere Hofeinfahrt einbogen – es war Anjas Geburtstag, zwei Tage nach Saras Tod. Maren hatte uns aus dem Norden zu unserem gut 500 km entfernten Zuhause in der Mitte Deutschlands gefahren. Marlis und Joy, zwei unserer besten Freundinnen, erwarteten uns vor der Tür mit Tränen in den Augen. Sie hatten ein paar Dinge im Haus vorbereitet, damit wir am Abend zumindest ein paar Stunden im engsten Kreis zusammensitzen konnten. Nicht, um im herkömmlichen Sinne Geburtstag zu feiern. Aber zumindest, um an diesem ersten Abend nicht allein zu sein. In ihrer Umarmung lag all das Mitgefühl, die Fassungslosigkeit und die tiefe eigene Trauer, die Freundschaft in einer solchen Situation ausmachten.

Aber innerlich war ich wie versteinert. Zu überwältigend waren die Sinneseindrücke um mich herum. Saras Fotos, Schuhe und Jacken – aus jedem Zimmer des Hauses schien mich eine andere frische Erinnerung an unsere kleine Maus anzuschreien.

Es gehörte zu den Kuriositäten des Tages, dass wir ihr Zimmer, das man sonst eigentlich kaum betreten konnte, da sie zu chronischer Unordnung neigte, komplett aufgeräumt vorfanden. Kurz vor unserem Urlaub hatten Anja und unsere Freundin Tanja nämlich zusammen mit Sara ihr ganzes Zimmer aufgeräumt und viele Dinge ausgemistet, die sie nicht mehr brauchte. Auf die Nachfrage, ob sie das eine oder andere – wie etwa ihre Schultüte – nicht aufbewahren wollte, hatte sie nur fröhlich geantwortet: „Warum denn, Mama? Das brauche ich doch nicht mehr!"

Ich kann mich nicht mehr an jedes Detail dieses ersten Abends mit unseren Freunden erinnern, aber ich weiß noch genau, wie sich in aller Traurigkeit wieder dieses überbordende Gefühl von Dankbarkeit einstellte. Dass unsere Freunde da waren, in aller Behutsamkeit, ohne platte Durchhalteparolen, und uns mit ihrer Liebe überschütteten.

Joy platzte irgendwann im Gespräch mit der Aussage heraus, dass wir am 14. Mai des Folgejahres mit ihr den Marathon entlang der chinesischen Mauer laufen sollten. Zur Erklärung muss ich anfügen, dass sie zusammen mit ein paar anderen Hobbyläufern, Anja und mir zu einer Jogging-Gruppe an unserem Wohnort gehörte, die sich jeden Freitagmorgen traf. Wir liefen nun schon ein paar Jahre jede Woche dieselbe rund acht Kilometer lange Strecke, manchmal brachten wir es auf zwei oder drei gemeinsame Läufe in der Woche.

Und auch wenn wir über die absurde Vorstellung eines über 40 km langen Laufes in China erst einmal lachten, hat uns dieser Satz doch eine ganze Zeit begleitet. Er stand exemplarisch für den inneren Entschluss, in Bewegung zu bleiben. Sich nicht aufzugeben und nicht in Schockstarre zu verfallen. Nach vorne zu schauen. Sich dem Marathon des Lebens zu stellen und zu glauben, dass man das tiefste Tal durchschreiten kann und dort nicht „eingehen" muss. Dass Aufgeben keine Option ist.

Aufbruch in ein unbekanntes Land

Mut ist der Preis, den das Leben verlangt
Wenn es Frieden mit dir schließt
Sich nicht mehr länger im Weg zu stehn
Sich nicht mehr im Kreis zu drehn

Mut ist der Schlüssel zum eigenen Glück
Schau nach vorn und nicht zurück
Mit Leichtigkeit und Besonnenheit
Ist das Ziel oft gar nicht weit

Und wo der Mut endet, fängt der Glaube an
Drängt dich zum Aufbruch in ein unbekanntes Land

Wer sucht, der wird finden
Wer anklopft, dem wird aufgetan
Das Wagnis des Lebens
Fängt mit dem Glauben an

Wer sucht, der wird finden
Wer anklopft, dem wird aufgetan
Das Wagnis fängt mit dem Mut zu glauben an
Das Wagnis fängt mit dem Mut zu glauben an

Unendlich mehr ist dein Leben wert
Hast du Mut, es zu riskiern
Und dabei völlig du selbst zu sein
Ohne Scheu, dich zu verliern

Fang an zu träumen von einem Land
Hinter deinem Horizont
Wo Liebe wartet und zu dir hält
Weil es ihr selber so gefällt

Denn wo dein Mut endet, fängt der Glaube an
Drängt dich zum Aufbruch in dies unbekannte Land

Wer sucht, der wird finden ...

Denn wenn du glaubst, schon wer zu sein
Dann hast du aufgehört zu werden
Doch wenn du nach der Wahrheit suchst
Findet sie dich!

In den folgenden Monaten bin ich regelmäßig laufen gegangen. Mehrmals die Woche, oft zu zweit. Und ich bin unseren Freunden, allen voran Rainer, Frank, Karen und Joy, so dankbar, dass sie sich in dieser Zeit alles angehört haben, was ich mir von der Seele reden musste. Auch wenn sie sich nach einer langen Arbeitswoche mitunter leichtere Themen gewünscht hätten.

Für einen Studiotäter wie mich, der im Herbst und Winter von seinem Naturell her sowieso schon zu Melancholie neigt, ist es für den emotionalen Haushalt wichtig, oft an die frische Luft zu kommen. Und diese Notwendigkeit vervielfältigt sich, wenn man eine schwere Lebenskrise zu durchleben hat. Vor allem, wenn der Herbst ein Synonym für Verlust wird, wie für mich seit unserem Unfall. Der unaufhaltsame Strom von Frühling, Sommer, Herbst und Winter ist ja auch eine beständige Erinnerung daran, dass alles im Leben seine Zeit hat.

Wie es im Buch Kohelet steht: *„Für jedes Geschehen unter dem Himmel gibt es eine bestimmte Zeit: eine Zeit zum Gebären und eine Zeit zum Sterben, eine Zeit zum Pflanzen und eine Zeit zum Abernten der Pflanzen ... eine Zeit zum Weinen und eine Zeit zum Lachen, eine Zeit für die Klage und eine Zeit für den Tanz ... eine Zeit zum Suchen und eine Zeit zum Verlieren, eine Zeit zum Behalten und eine Zeit zum Wegwerfen, eine Zeit zum Zerreißen und eine Zeit zum Zusammennähen, eine Zeit zum Schweigen und eine Zeit zum Reden ... Es gibt kein in allem Tun gründendes Glück, es sei denn, ein jeder freut sich, und so verschafft er sich Glück, während er noch lebt, wobei zugleich immer, wenn ein Mensch isst und trinkt und durch seinen ganzen Besitz das Glück kennenlernt, das ein Geschenk Gottes ist ... Alles, was Gott tut, geschieht in Ewigkeit. Man kann nichts hinzufügen und nichts abschneiden, und Gott hat bewirkt, dass die Menschen ihn fürchten"* (Kohelet 3,1–2.4.6–7.12–14.EÜ).

Auch in der schwersten Phase der Trauer in Bewegung zu bleiben, mich nicht zu verschließen und zu vergraben, sondern mich zu öffnen und bewusst hindurchzugehen, waren erste Voraussetzungen, um emotional zu überleben.

Und auch wenn am Ende kein chinesischer Marathon stand, habe ich dieses erste Trauerjahr doch zusammen mit meinem Freund Frank mit einem Halbmarathon abgeschlossen.

Lichter auf dem Weg

Ich trotze all der Fehlbarkeit des Lebens
Den offnen Fragen hier auf meinem Weg
Den Seitenpfaden voller Widrigkeiten
Den Niederlagen auf dem Weg zum Sieg

Ich trotze meiner fehlenden Courage
Dem Vorbehalt, nicht alles zu riskiern
Ich habe nicht nur dieses eine Leben
Am Ende werd ich meines nicht verliern

So stell ich mich dem Tod verwegen
Und sterbe meinem Leben entgegen
Die kleinen Tode hier auf meiner Reise
Sind Lichter auf dem Weg zum großen Ziel

Es fällt nicht leicht, vom Ende her zu denken
Als Eingangstor in Gottes neue Welt
Und meinen Blick auf das, was kommt, zu richten
Wenn mir, was ist, den Blick darauf verstellt

Ich lerne, nicht zu sein, sondern zu werden
Mein ganzes Sein im Wandel zu verstehn
Ich übe ein, Gewohntes loszulassen
Und das, was nicht vor Augen ist, zu sehn

Es war nicht nur sehr schwer, in ein Haus zurückzukommen, das über und über mit Erinnerungen gefüllt ist. Ähnliches galt auch für die Umgebung. Wir wohnen in einem überschaubaren kleinen Städtchen nördlich von Frankfurt, nahe an der Stadt und trotzdem schon sehr ländlich – dieser Ort war bis zum Unfall unser kleines verträumtes „Bullerbü". Doch je kleiner der Wohnort ist, desto mehr verbindet man buchstäblich jede Straßenzeile mit Erinnerungen. Saras Schulweg, von dem man sie dank ihres Naturells schon aus 150 Metern Entfernung hören konnte, wenn sie nach Hause kam. Ihr Kindergarten. Die Grundschule. Die weiterführende Schule. Die alte Schule, in der sie für die Burgspielschar-Aufführungen geübt hat. Die Freilichtbühne am Ortsrand. Die Häuser ihrer Freundinnen, in denen sie sich zum Spielen getroffen haben – und Sara hatte viele Freundinnen. Das Gemeindehaus, wo sie Flötenunterricht hatte. Die evangelische Kirche, in der sie gefühlt erst gerade eben Musikaufführungen und ihren Einschulungs-Gottesdienst für die Grundschule gehabt hatte und die jetzt bald der Ort zum letzten Abschiednehmen werden würde. Das Gelände des Sportvereins, zu dem sie oft mitgekommen war, wenn ich Tim am Wochenende zu einem Fußballspiel begleitete. Unweit die Hallen, in denen sie Leichtathletiktraining hatte. Der Wochenmarkt, auf dem sie am Samstagmorgen oft mit ihrer Mama einkaufen gegangen war. Das kleine Einkaufszentrum, in dem sie in den letzten Monaten mit Freundinnen gern Kleinigkeiten gekauft hatte. Oder die Feldwege, auf denen sie Fahrradfahren gelernt hatte. Und danach immer mal wieder nebenher radelte, wenn Mama und Papa joggen gingen. Ein kleines Mädchen auf dem Weg zum Teenager, das jetzt auf einmal an allen Ecken und Enden fehlte.

Und dann die Dinge, die wir nicht mehr mit Sara teilen konnten! Von Joy war ja schon die Rede. Zusammen mit ihrem Mann Konstantin und ihren Kindern aus erster Ehe, von denen Antonia eine von Saras guten Freundinnen war, ist sie kurz nach unserem Unfall in einen anderen Ortsteil gezogen. Sara hat das wunderschön renovierte, neu bezogene Haus, durch seine großzügige Anlage ein Paradies zum Spielen, nicht mehr zu Gesicht bekommen. Und als wir dort im späten Herbst das erste große Fest feierten, zog ich mich am Abend immer wieder für ein paar Minuten in den Garten zurück, weil die Vorstellung für mich zu überwältigend war, dass wir diese wunderschönen Momente, die mein Mädchen so geliebt hätte, nicht mehr mit ihr teilen konnten.

Dort warf der Mond sein Licht auf die kalte Herbstnacht, während sich eine Liedzeile von Roger Cicero in meinen Gedanken mit den Tränen auf meinem Gesicht vermischte: „Frag mich, wo du gerade bist und wie es da so ist."

In den ersten Wochen nach unserer Rückkehr bekamen wir eine schier unerschöpfliche Zahl an persönlichen Briefen und liebevoll gepackten Päckchen. Bis unser Postbote, der wohl durch die Vielzahl der Zuschriften von unserem Schicksal gehört hatte, uns irgendwann selbst eine anteilnehmende Karte schrieb. Seit jenem Tag war unser Verhältnis von besonderer Herzlichkeit geprägt.

Am Anfang des Trauerweges nahmen alle große Rücksicht auf unseren zerbrechlichen Zustand, denn es war selbst den nüchternsten Menschen in unserem Umfeld klar, dass wir gerade die existenziellste Krise unseres Lebens zu bewältigen hatten. Verständlicherweise wussten viele nicht recht, wie sie uns begegnen sollten. Wir spürten förmlich das vorsichtige Tasten und die Unsicherheit, wann ein Gespräch angebracht war und wann nicht. Und das war auch genau richtig so. Ich hätte in einer vergleichbaren Situation auch nicht gewusst, wie ich angemessen reagieren sollte.

Viele Leute haben keinen Plan, wie sie mit jemandem in einer akuten Verlustsituation ein Gespräch führen sollen. Ich weiß nicht, wie oft ich in den ersten Wochen den Satz „Ich weiß gar nicht, was ich sagen soll" gehört habe. Und daran ist auch überhaupt nichts verkehrt! Man muss nicht krampfhaft versuchen, für etwas Worte zu finden, für das es letztlich ja auch keine Worte gibt. Rick Warren nennt das „to show up and to shut up" – da zu sein, aber alle unnötigen Worte wegzulassen.

Leider hatte ich aber auch ein paar unangenehme Konversationen. Auf die Bitte meiner Frau hin hatte ich mich seit dem Unfall sehr damit zurückgehalten, auf Facebook persönliche Details preiszugeben, wie es unserer Familie gerade ging. Auf der anderen Seite war ich sehr dankbar für die Vielen, die in dieser ersten schweren Zeit für uns gebetet haben, und wollte auch nicht, dass diese Unterstützung abbricht. Außerdem war ich ja, wenn auch nur reduziert, weiter live unterwegs, und Facebook ist nach wie vor meine wichtigste Kommunikationsplattform, um Freunde, Fans und Veranstalter über meine Aktivitäten und Projekte zu informieren.

Schon in den ersten Tagen nach Saras Tod mischten sich unter die Posts der Kondolenz, der Sprachlosigkeit und des Mitleidens auch einige wenige Kommentare, die einem Menschen mit Taktgefühl zwangsläufig als unangemessen erscheinen müssen. Da Sara ja jetzt bei Jesus sei und damit an dem besten Ort, den man sich vorstellen kann, könnten wir uns jetzt schon auf ein baldiges Wiedersehen freuen. Ich stimme jedem dieser Worte inhaltlich zu; an späterer Stelle werde ich noch ausführlicher erzählen, welch großen Raum die Hoffnung auf den Himmel in mir schon länger eingenommen hat und es heute noch viel mehr tut.

Aber auch der unbedingte Glaube daran, dass wir Sara einmal wiedersehen werden, blendet die schreckliche Trauer nicht aus, die wir jetzt und hier empfinden, weil wir sie nicht mehr bei uns haben. Wenn man keine Brücke zwischen diesen beiden Polen baut, tröstet das nicht, sondern schlägt dem Trauernden eher vor den Kopf.

Noch krasser erlebte ich die mangelnde Sensibilität mancher „Glaubensgeschwister" ein paar Monate später, als ich dieses

frisch aufgenommene Passfoto von mir auf Facebook stellte; zusammen mit einem Text, der davon handelte, wie ich mich durch die Trauer verändert habe.

Während ich von vielen Seiten sehr liebevolle, mitfühlende und solidarische Zuschriften bekam, gab es vor allem eine sehr unrühmliche Ausnahme: Ob es nicht langsam an der Zeit wäre, meinem Gesicht zu sagen, dass ich ewige Freude in mir trage, die auch durch irdische Verluste nicht einzudämmen sei. Zumal ich ja als öffentlicher Christ auch Vorbildcharakter habe, schrieb da jemand.

Auf die Rückfrage von einigen entrüsteten Freunden, wie es denn sein könne, dass von jemandem, der von sich behauptet, ein Christ zu sein, solche unsensiblen Statements kämen, gab der Betreffende zurück, er habe schon vielen Menschen im persönlichen Gespräch dabei geholfen, „von einer Fixierung auf die eigene Trauer zum glaubenden Handeln durchzubrechen" (ich verkürze etwas, aber das war die Quintessenz der Aussage).

Empathische Menschen spüren instinktiv, dass eine solche Haltung auf geradezu groteske Art und Weise weltfremd ist; dass sie weite Bereiche der Seele komplett ausklammert, ohne die psychische Gesundheit auf Dauer aber nicht möglich ist.

Aus der Erfahrung von einigen wenigen dieser unangenehmen Begegnungen habe ich den folgenden Text geschrieben, der Chorus folgt dabei dem schon zitierten Text des alttestamentlichen Buches Prediger 3,1-15:

Worte, die nichts kosten (Alles hat seine Zeit)

Nein, du weißt nicht, wie ich mich gerade fühle
Nein, du hast nicht die leiseste Idee
Das, was ich brauch, sind keine klugen Worte
Was du da sagst, tut meinem Herzen weh

Die ganze Welt stürzt über mir zusammen
Die Schritte schwer, die Seele tief verletzt
Ein Teil vom Leben wurde mir genommen
Und es gibt nichts, was ihn mir hier ersetzt

Alles hat seine Zeit
Das Schweigen und das Klagen
Die Trauer und der Schmerz
Oh, alles hat seine Zeit
Die Tränen und die Fragen
Die wir im Herzen tragen
Alles hat seine Zeit
Ja, alles hat seine Zeit

Oh, frag mich nicht, ob es mir wieder gut geht
Ob ich das Schlimmste schon verwunden hab
Erwarte nicht, dass sich so schnell der Wind dreht
Und speis mich nicht mit Lehrbuchsätzen ab

Wenn du den Schmerz nicht kennst, der dir dein Herz bricht
Dann spar dir deinen öffentlichen Post
Es tut schon gut, wenn man mir Hoffnung zuspricht
Doch Worte, die nichts kosten, sind kein Trost

Alles hat seine Zeit ...

Je dunkler das Tal, desto mühsamer die Reise
Je tiefer der Fall, desto tiefer sinkt auch der Mut
Je größer der Schmerz, desto weniger brauch ich Worte
Desto mehr brauch ich die Liebe, die mich hält: Liebe, die
    mich hält

Hiob hat in der alttestamentlichen Erzählung an einem Tag alles
verloren: seine Besitztümer und seine Bediensteten als Folge
eines Angriffs, aber, schlimmer noch, vor allem seine gesamte

Familie (mit Ausnahme seiner Frau) durch einen Wüstensturm, der das Haus, in dem sie gerade essen, zum Einstürzen bringt. Trotzdem spricht er die denkwürdigen Worte in Hiob 1,21: *„Ich bin nackt von meiner Mutter Leibe gekommen, nackt werde ich wieder dahinfahren. Der Herr hat's gegeben, der Herr hat's genommen, der Name des Herrn sei gelobt!"*

Wenig später erkrankt er jedoch auch noch schwer: Sein Körper ist von Kopf bis Fuß mit Geschwüren übersät. Nun ist es um den verbliebenen Glauben seiner Frau geschehen, und sie verspottet ihn, weil er noch immer an Gott festhält. Er aber entgegnet nur: *„Haben wir Gutes empfangen von Gott und sollten das Böse nicht auch annehmen?"*

Seine drei besten Freunde kommen zu Besuch, um ihn zu beklagen und zu trösten. *„Schon von weitem sahen sie ihn, aber sie erkannten ihn kaum wieder. Da brachen sie in Tränen aus, sie zerrissen ihre Kleider, schleuderten Staub in die Luft und streuten ihn sich auf den Kopf. Dann setzten sie sich zu Hiob auf den Boden. Sieben Tage und sieben Nächte saßen sie da, ohne ein Wort zu sagen, denn sie spürten, wie tief Hiobs Schmerz war"* (Hiob 2,12-13 Hfa).

Wenn man in tiefer Trauer ist, braucht man keine Worte, sondern körperliche Berührung! So lange der Trauernde das zulassen kann, tun ihm wortlose Umarmungen gut; die Möglichkeit, sich in den Armen eines Freundes oder einer Freundin ausweinen zu können, bis die Tränen versiegen! Zur Freundschaft gehört auch dazu, mitzutrauern und selbst Tränen zu vergießen. Unsere Worte wie Mit-Gefühl oder Mit-Leid bringen zum Ausdruck, was Hiobs Freunde schon taten, ehe sie noch sein Haus erreicht hatten: Sie machten sich Hiobs Schmerz zu eigen. Sie brachen in Tränen aus und brachten ihre Erschütterung auf eine Art und Weise zum Ausdruck, die in ihrem Kulturkreis in jener

Zeit üblich und angemessen war: durch das Zerreißen ihrer Kleidung.

Je größer der Schmerz ist, desto weniger Worte sind nötig. Warum? Weil sie in dem Moment kaum trösten. In den dunkelsten Stunden braucht es keine Worte, sondern Tränen der Anteilnahme.

Ich weiß nicht, wie oft ich in den ersten Tagen und Wochen den Satz gehört oder gelesen habe: „Wenn ich irgendetwas für dich tun kann, dann lass es mich nur wissen." So gut gemeint dieser Satz ist, er überfordert den akut Trauernden doch. Am Anfang fühlten sich unsere Herzen in vieler Hinsicht so dumpf, gelähmt und benommen an, dass wir nicht hätten artikulieren können, was uns gut tun würde. Das Leben schien wie in Zeitlupe an uns vorbeizuziehen; gleichzeitig waren wir oft schon von wenigen Tätigkeiten erschöpft. **In dieser Phase hilft also kein „Was immer ich für dich tun kann…", sondern ganz konkrete Angebote: „Ich würde diese Woche gern für dich kochen; soll ich am Donnerstag oder lieber am Freitag Essen vorbeibringen?"**

In der ersten Zeit nach unserer Rückkehr haben uns Freunde und Nachbarn tatsächlich immer wieder Töpfe mit Selbstgekochtem und -gemachtem und kleine Geschenke vor die Tür gestellt. Da sie nicht wussten, ob ihr Besuch für uns gerade willkommen oder eine Überforderung war, sind sie oft ohne zu klingeln wieder gegangen, aber diese kleinen Zeichen der Liebe und des Mittragens haben uns jedes Mal ermutigt. Andere haben angeboten, für uns einkaufen zu gehen. Eine Nachbarsfamilie hat den gesamten ersten Winter lang bei Eis und Schnee unsere Gehwege geräumt und im nächsten Frühjahr unsere Hecke geschnitten.

Es gab aber auch Sonntage, an denen sich mehrere unangekündigte Besucher die Klinke in die Hand gaben, bis wir erschöpft waren, weil wir keine Kraft mehr hatten, unser Befinden in immer neue Worte zu fassen. Aber selbst in diesen Momenten habe ich die Geste des „Hingehens" immer geschätzt. Man lernt in solchen Zeiten seine verlässlichsten Freunde und engagiertesten Nachbarn kennen.

Ich stellte bald die Frage, welche Freunde wir in den nächsten Monaten an den Wochenenden besuchen wollten, die nicht im Umkreis von wenigen Kilometern wohnen. Denn mir war in dem Ausnahmezustand, in dem wir uns befanden, sofort klar, dass wir aktiv etwas unternehmen mussten, damit uns die Decke gerade in solchen Zeiten nicht auf den Kopf fiel, in denen die Ablenkung durch das Berufsleben nicht gegeben war. Und dass wir den Input unserer Freunde von außen brauchten, um uns zu spiegeln, dass jedem von uns Dreien sein eigenes Verarbeitungsmuster zustand!

Ich erinnere mich insbesondere an einen Tag, an dem eine rabenschwarze Gewitterwolke über meinem Gemüt hing und ich mich im viel zu leeren Haus nur verloren, kraftlos und einsam fühlte. Um das nicht mit mir selbst ausmachen zu müssen, schrieb ich einen Facebook-Post, der meinen Schmerz zum Ausdruck brachte und deutlich machte, wie sehr ich Sara vermisste.

Ein Freund meldete sich bald per E-Mail und schrieb: *„Ich verstehe ja, dass du leidest, und bete für dich, aber das solltest du nicht öffentlich auf Facebook tun. Richte dafür doch eine WhatsApp-Gruppe von engen Freunden ein, mit denen du deine dunklen Stunden teilen kannst."*

Ich schrieb ihm am Tag darauf zurück: „*Eine abgeklärte ,Ich bete für dich, aber mach das nicht…'-Nachricht war das Letzte, was ich gestern gebraucht habe. Glücklicherweise waren ein paar Freunde da, die sofort auf der Matte standen und angerufen haben. Zum Mittagessen vorbeikamen. Sie haben den Hilfeschrei gehört und sich nicht mit der Form aufgehalten.*"

Mein Freund hat mir postwendend signalisiert, dass er das einsieht. Mir wiederum wurde schnell klar, dass meine Mail zu schroff gewesen war. Er hatte es auf seine Weise nur gut gemeint. Und ich habe etwas später seinen Rat beherzigt und in den nächsten Monaten wirklich einen kleinen Verteiler von Freunden per WhatsApp kontaktiert, wenn ich gerade emotional besonders in den Seilen hing oder die Not in unserer Familie gerade besonders groß war.

In der Situation war ja nichts Schlimmes geschehen. Er hatte lediglich in einem Moment großen Schmerzes den Ton nicht getroffen, der mir gerade gut getan hätte. Zwei meiner anderen Freunde haben sofort erspürt, dass ich gerade Nähe brauchte. An anderer Stelle waren aber genau dieser E-Mail-schreibende Freund und seine Frau wieder für uns da wie nur wenige andere.

Wenn man sich einmischt, kann es passieren, dass man den richtigen Ton einmal nicht trifft. Das ist in dem Moment nicht schön. Aber es ist besser, hinzugehen und präsent zu sein, als sich aus lauter Angst, einen Fehler zu machen, zurückzuhalten und keine moralische und praktische Unterstützung anzubieten. Denn wenn alle dem Gedanken folgen: „Es wird sich schon jemand anders um meinen Freund kümmern, der näher dran ist", kann es passieren, dass der Trauernde und Bedürftige am Ende alleine dasteht.

Wir mussten lernen, uns von unseren Freunden auch wirklich helfen lassen zu wollen. Der eigene Stolz kann einem dabei im Weg stehen: „Ich hab mein Leben vorher doch auch allein auf die Reihe bekommen. Warum sollte das jetzt anders sein?"

Nun, jeder, der schon einmal ernsthaft diese erste Phase des Schocks erlebt hat, weiß, dass die eigenen Kraftreserven sehr begrenzt sind und einen oft Kleinigkeiten über die Maßen anstrengen können. Trotzdem ist bei vielen Menschen die natürliche erste Reaktion angesichts eines großen persönlichen Verlustes, sich zurückzuziehen und zu isolieren, niemand sehen und sprechen zu wollen. Das ist aber oft genau das Gegenteil von dem, was ihnen in dem Moment gut täte. **In einer Schocksituation braucht man Gemeinschaft mit guten Freunden, die für einen da sind und einem – noch mehr in Taten als in guten Worten – Hoffnung und Lebensmut zusprechen.**

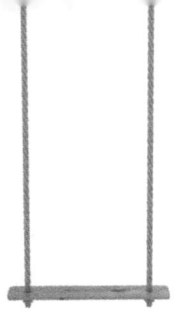

KAPITEL 6

ABSCHIED NEHMEN

Zwischen unserer Ankunft zu Hause und der Beerdigung lagen wieder zehn Tage. Dass es so lange dauerte, war den besonderen Umständen geschuldet. Ich war emotional wie erstarrt. Anja beschrieb später, sie habe das Gefühl gehabt, ich würde nur noch funktionieren und Schmerz und Traumatisierung durch übermäßige Betriebsamkeit kompensieren.

Das stimmte sicher, hatte aber auch seine Gründe. Meine Frau hatte in Lübeck buchstäblich Tag und Nacht am Bett unserer Tochter verbracht und dementsprechend auch viel zu wenig geschlafen. Jetzt war ihre Kraft eigentlich komplett aufgebraucht, aber es standen so viele Dinge an, die neben der inneren Verarbeitung geplant und erledigt werden mussten: ein Beerdigungsunternehmen zu finden und zu beauftragen, einen Kindersarg auszusuchen, einen Caterer zu finden, der beim Empfang nach der Beerdigung für das leibliche Wohl sorgen würde. Die Blumendekoration war in Auftrag zu geben. Einladungskarten sollten entworfen, gestaltet und gedruckt werden. Hotelzimmer für die anreisende Verwandtschaft und die auswärtigen Freunde mussten reserviert werden. Und dann war der

Denn wir wissen: wenn unser irdisches Haus abgebrochen wird
Haben wir ein Haus, von Gott erbaut und nicht mit Händen gemacht
Das ewig ist im Himmel

Was kein Auge jemals sah, was kein Ohr jemals hörte
Und was sich kein Mensch vorstellen kann
Das hält Gott für die bereit, die ihn lieben

2. Kor 5,1 & 1. Kor. 2,9

Sara Kopfermann

*14.09.2003   †13.09.2014

Im Wissen, dass Sara bei Gott geborgen ist
Arne, Anja & Tim Kopfermann

*Der Abschieds-Gottesdienst findet am 25.09.14 um 11 Uhr
in der evangelischen Kirche statt.*

*Anstelle von Blumen und Kränzen bitten wir um eine Spende
an das Kinderhilfswerk World Vision.*

Abschiedsgottesdienst zu planen – mit allen Elementen, die wir uns darin wünschten.

Anja war es besonders wichtig, dass der Gottesdienst Sara gefallen hätte und dass ihre Freundinnen und Mitschüler damit auch etwas anfangen konnten. Uns beiden war es wichtig, unseren ehemaligen Pastor Jens mit seiner Frau Coralie dabeizuhaben, die mittlerweile in England lebten. Wir baten ihn, die Predigt zu halten. Unseren Freunden Markus und Jörn, Naomi, Doris, Steve, Louisa und Jens muteten wir zu, im Gottesdienst Musik zu machen, obwohl jederzeit damit zu rechnen war, dass sie dabei in Tränen ausbrechen. Und Miriam und Fabian, ein befreundetes Künstlerehepaar, das sich eine Pastorenstelle in einer nahe gelegenen Pfarrei teilte, erklärten sich bereit, durch den Gottesdienst zu führen. Wir mussten uns mit ihnen treffen, um gemeinsam den Ablauf zu planen. Und dann das Liedblatt für den Gottesdienst gestalten, entwerfen und drucken lassen.

Ich habe in meinem Leben die musikalische Programmplanung von sicher mehr als 1500 Veranstaltungen verantwortet. Aber ich kann mich nicht an eine einzige erinnern, bei der ich jeden Song, jedes Element, jede Liedzeile so häufig gedreht und gewendet habe wie bei der Planung des Abschiedsgottesdienstes für meine Tochter.

Als Trauernder reagiert man allergisch auf jede Form von Banalität, seichten Gedanken und phrasenhaften Formulierungen. Die Seele ist so wund, dass die Texte vielschichtig und behutsam sein müssen, um nicht mehr zu verletzen als zu trösten. Sie müssen hoffnungsvoll sein, ohne schlagerhaft, oberflächlich oder billig daher zu kommen. Sie müssen feinsinnig sein und die Nuancen der Gefühlswelt nach einem so empfindlichen Verlust erfassen. Tiefe Trauer und aufrichtiger Glaube müssen gleichberechtigt nebeneinander stehen dürfen, weil sie zwei Seiten einer Münze sind, die man nicht gegeneinander ausspielen kann, ohne weltfremd zu werden.

Am Ende kamen Albert Freys „Anker in der Zeit", Lothar Kosses „Wunderbarer Hirt" und Matt Redmans „10 000 Gründe" vor, Israel Houghtons „Mit dir kommt der Himmel zu mir" und die Bonhoeffer-Text-Vertonung von Siegfried Fietz: „Von guten Mächten". Aber auch der Hillsong-Hit „Oceans", der uns auf der Intensivstation ständig begleitet hatte. Und ein paar Lieder von mir, wie „Wir werden uns wiedersehn" zum Eingang des Gottesdienstes, die Vertonung von Psalm 23 „Du bist meine Zuversicht", das schon erwähnte „Ich bleib bei dir" oder auch dieses Lied:

Breite deine Flügel aus

Wenn mir die Sonne nicht mehr scheint
Weil selbst der Himmel mit mir weint
Such ich meine Zuflucht bei dir
Wenn mir der Blick verhangen ist
Die Welt scheint farbenleer und trist
Such ich meine Zuflucht bei dir

Breite deine Flügel aus
Schütz mein wundes Herz
Breite deine Flügel aus
Mein Tröster, mein Helfer, mein Gott

Wenn ich vor Schmerz den Halt verlier
Und jeder Schritt fällt mir so schwer

Such ich meine Zuflucht bei dir
Denn du durchdringst die tiefste Nacht
Und gibst auf meine Seele Acht
Ich suche meine Zuflucht bei dir

Breite deine Flügel aus ...

Maren und Anja hatten kurzfristig aus den Fotos, die wir im Laufe ihres Lebens von Sara gesammelt haben, Fotokollagen erstellt, die auf zwei 1x1m große Leinwände gezogen worden waren und nun auf zwei Staffeleien in der Kirche aufgestellt wurden. Denn wir wollten, dass man sich an das fröhliche, lebendige, humorvolle, hübsche Mädchen erinnern würde und nicht an den kleinen, mit Blumen bekränzten Holzsarg im Altarraum.

Auch hatten wir uns überlegt, dass wir die eigentliche Grablegung nur im engsten Freundes- und Familienkreis vornehmen wollten, weil 300 Menschen auf dem kleinen Friedhof zahlenmäßig und emotional den Rahmen gesprengt hätten. Andererseits wollten wir den vielen angereisten Freunden die Möglichkeit geben, uns hinterher beim Trauerempfang noch zu sehen. Daher teilten wir den Gottesdienst in zwei Teile. Der erste offizielle Teil sollte neben Begrüßung und Gebet ein wenig von Sara erzählen, aber auch Raum für eine Lesung aus Psalm 139, die Predigt von Jens und eine Handvoll Lieder geben. Für den zweiten Teil hatten wir uns überlegt, dass es allen, die nicht an der Beisetzung teilnahmen, freigestellt werden sollte, ob sie noch bleiben oder nach Hause fahren wollten. Für die, die blieben, bestände die Möglichkeit, auf vorbereiteten Kärtchen einen Brief an Sara, unsere Familie oder Gott zu schreiben. Oder weiter mitzusingen oder zuzuhören, während die Band vorn Musik machte.

Gerade dieser zweite Teil hat am Ende viele unserer Freunde und Bekannte sehr berührt. So sagte eine Nachbarin: „Wie kann man an diesem Gottesdienst teilgenommen haben und nicht glauben?" Und wir haben zu Hause eine ganze Schachtel voll Kärtchen mit Gebeten und Gedanken an Sara. Ich kann sie nur sehr dosiert lesen, denn sie lassen mir das Herz gleich wieder ein Stückchen brechen. Aber sie sind auch ein großer Schatz, der uns daran erinnert, dass im Gottesdienst, ähnlich wie auf der Intensivstation, dieses „Auge im Sturm" von vielen Menschen empfunden worden ist. Als ganz besonders behalte ich sicher den Gesang von so vielen Freunden und lieben Musikerkollegen in Erinnerung, die von überall angereist waren, um jetzt nicht als Solisten von der Bühne die Menschen zu begeistern, sondern Teil eines Chores zu werden, der uns allen ewige Hoffnung in die Herzen sang.

Wer schon einmal eine Hochzeitsfeier geplant hat, kann ermessen, wie viel Arbeit und Stress in der Vorbereitung steckt, selbst wenn man einige Monate Zeit hat und in der Blüte seiner Jahre und bester Stimmung vor dem „glücklichsten Tag im Leben" ist. Wir hatten nur zehn Tage. Wir hatten einen der schwersten Tage unseres Lebens vor uns. Man könnte das vielleicht damit vergleichen, dass man vorhat, in zwei Wochen einen Marathon zu laufen, ohne vorheriges Konditionstraining und mit einer Zehn-Kilo-Hantel im Rucksack auf dem Rücken.

Oft in diesen Tagen hätte ich mich kneifen wollen, um aus dem bösen Traum zu erwachen und zu sehen, dass das alles gar nicht wirklich passiert. Denn trotz der unermüdlichen Hilfe, die wir von unseren Freunden und vor allem von Maren bekamen –

sie war nur kurz nach Regensburg gefahren, um dort ihre persönlichen Angelegenheiten zu ordnen, dann kam sie nach kürzester Zeit wieder zu uns, um uns in allen Aufgaben und vor allem moralisch beizustehen –, waren viele Dinge so grotesk, dass wir sie kaum bewältigen konnten.

So hatten wir beide, meine Frau und ich, eine Vorladung von der Polizei bekommen, um uns wenige Tage nach der Beerdigung persönlich zu dem Unfall zu äußern. Man sieht solche Szenen im Unterhaltungsfernsehen ja immer wieder, aber welche persönliche Belastung darin liegt, kann nur jemand ermessen, der einmal in einer vergleichbaren Situation gewesen ist.

Glücklicherweise hatten wir schon am Tag nach dem Unfall aus dem Freundeskreis einen erfahrenen Verkehrsanwalt empfohlen bekommen. Obwohl er an der Ruhestandsgrenze war, hat er „meinen Fall" sofort übernommen und ist innerhalb von 48 Stunden durch halb Deutschland gereist, um sich mit meinem Schwager Dirk am Unfallort zu treffen und sich dort selbst ein Bild von den Geschehnissen zu machen.

Während unser einziges Augenmerk in Lübeck Sara galt, hatte mir Dirk komplett den Rücken frei gehalten, was den Abtransport des Unfallwagens und die rechtliche Abwicklung anging. Aber jetzt brach diese unausweichliche Realität mit voller Wucht in meine Welt ein. Glücklicherweise konnten wir uns am Tag nach unserer Rückkehr bereits mit dem Verkehrsanwalt treffen, und er ging alle Formulare von Polizei und Versicherung, die ausgefüllt und eingereicht werden mussten, Schritt für Schritt mit mir durch und erwirkte als eine der ersten Maßnahmen, dass die Kommunikation mit der Polizei und der Staatsanwaltschaft ausschließlich über ihn lief. Das ist auch bis zur

Einstellung des Verfahrens rund neun Monate später so geblieben. Ich bin unendlich dankbar für seine praktische und höchst gewissenhafte Hilfe während dieser Zeit, ohne die ich völlig überfordert gewesen wäre.

Und trotzdem konnte er mir nicht alle Aufgaben abnehmen. Die Versicherung wollte das Wrack des Unfallautos verkaufen. Dazu musste ich die Fahrzeugpapiere zu Händen des Käufers an die Autowerkstatt verschicken, zu der es geschleppt worden war, damit er eine Legitimation hatte, das Auto abzuholen. Die Papiere schienen aber trotz Einschreiben auf dem Postweg viele Tage lang verschollen zu sein: Der Postbeamte unserer Filiale wusste selbst nicht mehr, wo er noch nachforschen konnte, und so bekam ich wenige Stunden vor dem Abschiedsgottesdienst noch einen Anruf vom Käufer mit der Frage, wo denn die Papiere blieben, er könne ja nicht 300 Kilometer fahren, ohne die Sicherheit zu haben, das Auto dann auch mitnehmen zu können.

Ich versuchte ihm so gefasst wie möglich zu erklären, dass ich in den nächsten Stunden meine Tochter beerdigen würde und er sich daher noch ein wenig gedulden müsse. Als wir aufgelegt hatten, war es um meine innere Fassung geschehen! Der bloße Umstand, dass ein Brief mit inliegendem Kfz-Schein auf dem Postweg verloren geht, wäre ja selbst für hart gesottene Gemüter schon ein Stressfaktor; in meinem fragilen Zustand überschritt es die Überforderungsgrenze bei Weitem. Es war einer der wenigen Momente in der ersten Zeit, in dem ich Gott buchstäblich anschrie, als ich gerade allein im Zimmer war: *„Du weißt doch genau, was wir alles ertragen müssen. Warum kann denn nicht eine Sache wie geplant klappen? Wie viel willst du mir noch zumuten?"*

Am Vorabend hatte ich mich mit vollgepacktem Auto zur Kirche aufgemacht, um mit der Hilfe meines Freundes Jens die Tontechnik für den nächsten Tag aufzubauen. Als wir das meiste ausgeladen, aufgebaut, verkabelt und ausprobiert hatten, kamen Saras enge Freundinnen Gesa und Sanne vorbei, um mich zu fragen, ob sie im Gottesdienst am nächsten Tag ein paar Worte sagen dürften. Natürlich habe ich sofort zugestimmt! Sara hätte sich so gefreut. Und diese Augenblicke wurden dann später zu dem vermutlich emotionalsten Moment für alle Besucher ...

Ich kann mich nicht mehr an alle Details von dem besonderen Tag erinnern, der nun folgen sollte. So viele Sinneseindrücke konkurrierten miteinander. Morgens war unser Haus voll mit enger Verwandtschaft, die gemeinsam mit uns zur Kirche gehen wollte. Was hätte ich in dem Moment dafür gegeben, mein Augenmerk nicht noch auf andere, noch so nahestehende Menschen richten zu müssen! Vor der Kirche begegneten wir so vielen Freunden und Wegbegleitern, dass es unter anderen Umständen ein Fest gewesen wäre. Jetzt konnte ich das aber nur bedingt wahrnehmen und wollte eigentlich nur in die Kirche, um diesen schweren Gang hinter mich zu bringen.

Und dann wurde es doch auf wundersame Weise leichter als gedacht. Miriam und Fabian leiteten mit viel Liebe durch den Ablauf, und ihre Schilderung von Saras Wesen ließ vermutlich kaum ein Auge trocken. Jens gab uns in der Predigt einen Kompass mit, wie wir in allem Schmerz unsere Richtung und unseren Glauben nicht verlieren. Louisa, Naomi und Doris, die drei Sängerinnen, kamen zumindest äußerlich sehr gefasst durch die Lieder und halfen uns so, selbst nicht auseinanderzufallen.

Ich konnte nur bedingt mitsingen, weil mir immer wieder der Anlass und der Anblick des Sarges meines Kindes die Kehle zuschnürten, aber trotzdem lag für mich spürbar etwas Heiliges in der Atmosphäre, das mich tröstete. Im Verlauf des Gottesdienstes schien immer wieder die Sonne durch die bunten Glasfenster der Kirche, was alles in ein leicht surreales Licht tauchte – das war sehr passend, denn wieder stellte sich bei mir dasselbe Empfinden ein wie schon in manchen Augenblicken in Lübeck: dass wir erneut an die Grenze zwischen zwei Welten stießen, von denen aber nur eine Seite durchlässig war. Wir konnten nicht hinüberblicken.

Vor dem Gang zum Grab war ich sehr gefasst. Und auch in der Zeit danach, als wir viele Dutzend Menschen in den Arm nahmen. Worte standen dabei nicht im Vordergrund, denn es gab nicht viel zu sagen. Aber da war wieder diese tiefe Dankbarkeit dafür, dass uns Gott so viele Freunde an die Seite gestellt hatte. Die nicht aus Anstand oder Neugier gekommen waren, sondern um zu sagen: „Ihr seid in diesem Schlamassel nicht allein. Wir tragen eure Last mit, auch wenn wir das nur ganz unzureichend tun können."

Gaetan, der Sara über die Jahre hatte aufwachsen sehen und unsere ganze Familie noch wenige Jahre zuvor mit seiner Frau in ihrem Sommerhäuschen am See in Kanada beherbergt hatte, war einer von ihnen. Er nahm mich am Ende zur Seite und sagte: „Arne, in deinem Lied ‚Über dem Meer' heißt es doch: ‚Eintausend Jahre sind für dich wie ein Tag.' Wenn das stimmt, dann ist es für Sara – auf der anderen Seite des Vorhangs – so, als würde sie gerade zur Schule gehen, und wenn sie nach Hause kommt, seid ihr da."

Das hat mich wirklich getröstet. Denn es rief mir noch einmal in Erinnerung, dass ich mir um das Wohlergehen von Sara keine

Sorgen machen musste. Sie war an einem Ort angekommen, der den furchtbaren Schmerz der Sterblichkeit nicht kennt, sondern nur die alles überstrahlende Harmonie und Schönheit der Gegenwart Gottes. Das Zitat aus Psalm 90,4, das im Neuen Testament in 2. Petrus 3,8 aufgegriffen wird, macht aber auch deutlich, welch himmelweiter Unterschied zwischen der Realität besteht, die wir schon erleben, und der göttlichen, die wir hier nur erahnen können.

Über dem Meer

Über dem Meer baust du dein Haus
Wie einen Teppich breitest du den Himmel aus
Licht ist dein Kleid und du fliegst mit dem Wind
Du bist Gott und ich bin nur dein Kind

Du setzt die Sterne ins Himmelszelt
Du fährst auf den Wolken
Und durchdringst die ganze Welt.
Eintausend Jahre sind für dich wie ein Tag
Du bist Gott, was auch immer geschieht

Deine Herrlichkeit bleibt für alle Zeit
Deine Schönheit, Herr, in Ewigkeit
Ich will singen von dir, Herr, mein Leben lang
Und dich loben, solange ich bin

Eine andere Begegnung an diesem Tag steht mir ebenfalls noch sehr lebendig vor Augen. Die mit unserer Freundin Thea, selbst Songwriterin und Sängerin, die ihren Mann Bernd-Martin in dem Jahr an Krebs verloren hat, in dem Sara geboren wurde. Auch sie hat als Künstlerin die Flucht nach vorne angetreten und den Verlust ihres Mannes auf ihrer CD „Breite deine Flügel aus" verarbeitet.

Das Gespräch mit ihr während des Empfangs war für mich sehr einprägsam. Sie sagte in etwa Folgendes: „Arne, heute erscheint ihr beide so gefasst – als ob über euch eine Schutzglocke der Gegenwart Gottes liegt. Diese Erfahrung ist ein großes Geschenk, das ich in den ersten Wochen nach Bernd-Martins Tod ganz ähnlich erlebt habe. Seid nur bitte darauf vorbereitet, dass sich die Schutzglocke irgendwann heben wird. Und dass die Realität sich dann auch von ihrer unbarmherzigen Seite zeigt." Diese Aussage könnten wir als Überschrift über das erste Jahr der Trauer stellen.

Am Samstag, zwei Tage nach dem Abschiedsgottesdienst, trafen wir uns mit Jens und Coralie vor ihrer Abreise nach England noch einmal zum Frühstück. Sie wollten wohl schauen, ob wir jetzt, wo die Beerdigung vorbei war, in ein tiefes Loch fielen. Bei dieser Gelegenheit sprachen wir auch über die Folgen des Geschehenen für Tim.

Ich möchte in diesem Buch ganz bewusst nur sehr wenig über unseren Sohn schreiben, um seine Privatsphäre zu schützen. Er hat das Recht, einen eigenen Umgang mit seiner Trauer zu finden und selbst zu entscheiden, ob und wann er seine Perspektive unserer Geschichte erzählt. Aber ich will erwähnen, dass ihm der Verlust ebenfalls schwer zugesetzt hat.

Unser Unfall passierte wenige Tage vor dem neuen Schuljahr, sodass Tim die erste Woche verpasste, weil wir ja noch in Lübeck waren. Lehrer gehen sehr unterschiedlich mit einer solchen Ausnahmesituation um. Saras Klassenlehrerin hat ihre 6. Klasse sofort aktiv in den Verarbeitungsprozess hineingenommen. Sie versuchte, Saras Mitschülern die schlimme Nachricht so schonend wie möglich beizubringen, und machte mit ihnen danach einen Waldspaziergang, um das Gehörte erst einmal verdauen zu können. Sie ließ die Klasse Genesungskarten für unsere Tochter malen und bot denjenigen Gespräche an, die mit der Situation nicht allein klarkamen. Im folgenden Schuljahr hat die Klasse eine Kerze für Sara aufgestellt, die ab und zu angezündet wurde, um an sie zu denken. Und zum ersten Todestag ließen ihre Klassenkameraden einen Ballon für sie steigen.

In Tims Schule war das anders. Seine Klassenlehrerin schien mit der Situation im gesamten folgenden Jahr überfordert zu sein und hatte beispielsweise einen Teil seiner Lehrer nicht vom Tod seiner Schwester unterrichtet. So war Tim gezwungen, das selbst zu tun. Nach den ersten zwei Tagen in der Schule kam Tim zu mir und sagte, er wolle nicht mehr in die Schule gehen. Mama wäre ja auch krankgeschrieben; wieso würde man von ihm erwarten, dass er einfach so zur Tagesordnung übergeht, als ob nichts geschehen wäre? Ich habe ihn sofort für die nächsten Tage beurlauben lassen und Kontakt mit den Verantwortlichen in der Schule aufgenommen.

Coralie, die selbst Lehrerin ist, machte uns bei unserem Treffen klar, dass der Tod seiner Schwester für Tim selbstverständlich auch schulische Konsequenzen haben würde, die wir noch gar nicht absehen könnten. Dass wir damit rechnen müssten, dass er das Schuljahr nicht schaffe, den Unterricht verweigere und vielleicht sogar die Schule wechseln müsse, um in ein anderes Umfeld zu kommen. All das schien uns in dem Moment weit hergeholt, hat sich im Verlaufe des nächsten Jahres aber leider in Teilen bewahrheitet.

Für Tim, der Herzensdinge weitestgehend mit sich selbst ausmacht, wurde es erforderlich, aus seinem gewohnten und auf so vielfältige Weise mit Sara verknüpften Umfeld herauszukommen. Im Sommer 2015 haben Anja, Tim und ich uns auf die Suche nach einem Internat gemacht, in dem er sich wohlfühlt, aber auch jedes Wochenende nach Hause kommen kann. Dass er dort genau am Jahrestag von Saras Tod seinen ersten Schultag haben würde, ist eine der vielen Merkwürdigkeiten, die unseren Weg pflastern. Mit dem Internat hat sich dann aber vieles zum Guten gewendet. Tim geht keinen leichten Weg, aber er geht ihn mutig!

Dies ist ein Lied

Dies ist ein Lied für die, die keine Worte finden
Und deren Traurigkeit allein nach innen geht
Für die, die stille Tränen ungeweint verwinden
Das Nichtgesagte wird nur ungehört gefleht

Dies ist ein Lied für die, die nicht mit Worten sagen
Dass das, was bleibt vom Sterben, furchtbar bitter ist
Und die ihr wundes Herz nicht auf der Zunge tragen
Wenn sie auch fürchten, dass man allzu schnell vergisst
Wenn sie auch fürchten, dass man allzu schnell vergisst

Es ist so gut, dass du bist
Dass du nicht aufgibst, nicht die weiße Fahne hisst
Es ist so gut, dass du lebst und fühlst und atmest
Es ist so gut, dass du bist – wie du bist

Dies ist ein Lied für die, die nicht in Worte kleiden
Dass sie nicht wissen, ob sich diese Wunde schließt
Und die Gespräche und Erinnerungen meiden
Solang noch so viel Schmerz und Wehmut daraus fließt

Dies ist ein Lied für die, die Gott ihr Leid nicht klagen
Obwohl er doch am besten wissen muss: „Warum?"
Die nicht ertragen, nach dem Sinn und Ziel zu fragen
Anstatt zu ringen, bleiben ihre Lippen stumm
Statt zu ringen, bleiben ihre Lippen stumm

Es ist so gut, dass du bist ...

Doch wenn dein Herz dann irgendwann
Die Schleusen öffnen will
Hab keine Angst und gib ihm Raum
Dann halte einfach still

Wir haben in den letzten 2½ Jahren am eigenen Leib zu spüren bekommen, dass Menschen selbst in der engsten Familie ganz unterschiedlich trauern. Während der eine unbedingt über das Gefühl des Verlusts reden muss und auch über den Menschen, den er so abgrundtief vermisst, hat der andere eher das Bedürfnis, diese Empfindungen mit sich allein auszumachen, und selbst wenn er sich öffnen will, fällt es ihm schwer, sie in Worte zu kleiden.

Diese unterschiedliche Art zu trauern sagt nichts darüber aus, wie sehr uns unser persönlicher Verlust getroffen hat. Jeder hat einfach seine ganz individuelle Art, ihn zu verarbeiten und zu zeigen. Und diese Verarbeitung verläuft zu allem Überfluss häufig auch noch antizyklisch. Während der eine vielleicht gerade ziemlich gefasst ist, zerfließt der andere – und umgekehrt. Sodass die Gefühlswelt aller Beteiligten wilde Kapriolen schlägt.

Eine Freundin von Sara beschrieb uns, dass Sara für sie ein Engel ist, von dem sie denkt, dass er sie immer begleitet. Das hat mich sehr berührt, denn ich habe mein Mädchen oft „mein Engelengelinchen" genannt! Ein sehr, sehr menschlicher Engel, auch mal launisch oder melancholisch, aber voller Lebenslust und Energie. Ich habe in der Verarbeitung gelernt, dass Schönheit, Liebe und Schmerz oft sehr eng beieinanderliegen, weil das Leben zerbrechlich ist. Und dass ich wohl für lange Zeit das eine nicht ohne das andere haben kann.

Zum zweiten Jahrestag von Saras Tod habe ich einen Text auf Facebook gepostet, der versucht, meine Empfindungen in Worte zu fassen.

Heute jährt sich zum zweiten Mal der Tag, der meine Familie und mich gezwungen hat, von unserer geliebten Sara Abschied zu nehmen. Der Sturm brach wie aus heiterem Himmel über uns herein, und der Verlust war unbeschreiblich. Er ist es noch immer. Wir reden etwas weniger darüber. Es fließen etwas weniger Tränen. Wir beginnen, uns mit der Lücke einzurichten. Zu akzeptieren, dass sie da ist. Und uns mit dem Verlust zu arrangieren, aber er bleibt unbeschreiblich.

Wir haben in den letzten Wochen und Monaten als Familie nach der ersten schweren Leidenszeit Schönheit bewusst gesucht – und gesehen. Sonnenuntergänge voller Farbenpracht. Türkisfarbenes Wasser, das im Volksmund als paradiesisch bezeichnet wird.

Strände, auf die nicht jeder meiner Freunde das Vorrecht hat, seinen Fuß setzen zu können. Wir haben das getan, weil wir uns entschieden haben, trotz und mit gebrochenem Herz das Leben zu feiern. Es zu umarmen, wo es uns nicht entgleitet ...

Man sagt ja manchmal: „Das ist so schön, dass es schmerzt." Nun, für mich gibt es keine Schönheit mehr ohne Schmerz. Die farbenfrohste Sommerlandschaft, durch die ich laufen kann, die schönste Musik, die ich mit allen Sinnen aufnehmen kann, das weiteste Meer, das ich riechen und befahren kann: alles weckt nur diese unerschöpfliche, unerfüllte Sehnsucht in mir nach dem Ort, wo Sara jetzt schon leben darf. Und ich noch nicht. Nach diesem Ort, an dem der Mensch die ihm anvertraute Schönheit nicht zerstört, sondern im Einklang mit seinem Schöpfer lebt. Wo das letzte Kapitel von Leid und Verlust, Krankheit und Tod zugeschlagen ist. Sehnsucht nach diesem Ort, wo ich keine halbherzigen, gespaltenen und selbstsüchtigen Motive mehr in mir trage.

Dieser Ort ist sehr real für mich. Und sein Urheber ist sehr real für mich. Ich habe in den letzten 24 Monaten nicht eine Sekunde gezweifelt, dass Sara diesen Ort lieben muss. Dass es ihr dort besser geht, als es ihr hier jemals gehen konnte. Dass wir nicht um das weinen, was sie hier verpasst. Sondern um das, was wir hier nicht mehr und dort noch nicht mit ihr teilen können. Und dass wir mit den Plänen Gottes hadern, den wir nach all den Jahren nur verschwommen wahrnehmen können, während Sara längst „seine Hand halten darf" ...

Ich versuche, meine Erinnerungen an unsere Sara hier wachzuhalten. Es sind erst zwei Jahre, und doch verblassen manche

davon schon ein wenig. Wenn mir das bewusst wird, könnte ich
schreien. Sie verdient es, dass wir uns an sie erinnern. An all
das, was dieses tolle Mädchen so einzigartig gemacht hat. Denn
sie wird in meinem Herzen immer diesen einzigartigen Platz
haben – als meine Tochter. Ich schäme mich keiner meiner vielen
Tränen, die ich um sie geweint habe. Und noch weinen werde.
Das ist das, was ein Vater tut.

Ich könnte lebensmüde sein. Ich bin es nicht. Ich könnte Gott
anklagen und verspüre kein Bedürfnis danach. Das Leben ist ein
Geschenk und seine Wege sind nicht meine. Ich verstehe, wenn
Menschen, die existenzielle Verluste erleben, an Gott und der
Welt verzweifeln. Dass ich es nicht tue, ist reine Gnade. Tut es
deswegen auch nur ein μ weniger weh? Nein …

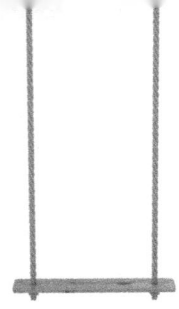

KAPITEL 7

ERSTE SCHRITTE IN UNSERER
NEUEN REALITÄT

Ein Stück des Weges liegt hinter dir, ein anderes Stück hast du noch vor dir. Wenn du verweilst, dann nur, um dich zu stärken, aber nicht, um aufzugeben. Besser auf dem rechten Weg hinken, als festen Schrittes abseits wandeln. Aus Gottes Hand empfing ich mein Leben, unter Gottes Hand gestalte ich mein Leben, in Gottes Hand gebe ich mein Leben zurück. Alles, was künftig geschehen soll, ist für Gott bereits geschehen.

(Augustinus von Hippo)

Für die Woche des Abschiedsgottesdienstes war bereits vor einigen Monaten eine fünftägige Band-Studiosession für zwei Produktionen geplant gewesen – die Liebeslied-CD „Warum mein Herz so an dir hängt" und das Gemeindemusikalbum „Wir beten an (grün)". Gerth Medien und SCM Hänssler, von denen die Aufträge kamen, ließen mir völlig freie Hand, ob ich die Projekte bis auf Weiteres auf Eis legen oder wie geplant durchführen wolle. Weil ich aber instinktiv ahnte, dass ich in den nächsten

Wochen und Monaten die Arbeit als Selbsttherapeutikum brauchen würde, bat ich zwei liebe Freunde und Kollegen, Florian und Tobias, die Session im Sauerland an meiner Stelle in die Hand zu nehmen und die Aufnahmen wie geplant, aber ohne mich, durchzuführen.

Wie sich herausstellte, war das für die beteiligten Musiker, mit denen ich allesamt über viele Jahre im Studio oder auch live Musik gemacht habe, ein echtes Opfer, weil sie so nicht vor Ort von Sara Abschied nehmen konnten. Sie taten mir damit einen großen Liebesdienst. Obwohl ich selbst in der Studiowoche nicht vor Ort sein würde, war noch einiges zu tun. Ich hatte kurzerhand den Hänssler-Verlag kontaktiert und ihn gebeten, den Song „Wir werden uns wiedersehn", der von jetzt an unser Leben lang eine besondere Bedeutung haben würde, statt eines anderen in die Liste der Lieder für „Wir beten an" aufzunehmen.

Und da saß ich nun also zum ersten Mal nach unserem Unfall wieder in meinem Studio vor dem Mikrofon und versuchte, für die Session akustische Gitarre und Gesang aufzunehmen, ohne bei jedem Vers in Tränen auszubrechen. Ich weiß nicht, wie viele Anläufe ich unternahm, bis das dann letztlich glückte.

Nicht nur die Studiosession, sondern auch diverse Seminar- und Konzerttermine waren vereinbart, die ich nicht alle absagen wollte. Schon in den ersten Tagen war sehr deutlich geworden, dass Anja und ich ganz unterschiedliche Bedürfnisse in Bezug auf unsere Trauer hatten. Während ich den starken inneren Drang verspürte, mir meine Not von der Seele zu reden, Freunde zu sehen und auch in meinem Beruf aktiv die Flucht nach vorne anzutreten, war Anjas Mitteilungsbedürfnis erheblich reduzierter. Fast sofort begann sie mit therapeutischen

Gesprächen, beschränkte aber ihren Redebedarf ansonsten auf ihr allerengstes Umfeld und machte viel von ihrer Trauerarbeit mit sich und ihrem Tagebuch aus. Es war ihr innerstes Refugium: der einzige Ort, wo alle Gedanken und Gefühle völlig ungefiltert festgehalten werden konnten.

Mein Bedürfnis, zu schreiben und zu teilen, war nicht nach innen gerichtet. Das liegt sicher in meiner Persönlichkeit begründet. Ich bin nicht von ungefähr Künstler geworden; ein Singer/Songwriter, der sein Herz auf der Zunge trägt und für den Worte auch seine Herzenssprache sind. Jemand, der die Öffentlichkeit braucht, um sich mitzuteilen, weil er in seiner Beziehungsorientiertheit nicht auf einen inneren Kreis beschränkt ist.

Zu den Schattenseiten dieser Öffentlichkeit gehörte allerdings auch, dass ich bereits wenige Tage nach Saras Tod eine erste Presseanfrage bekam. Ein christliches Magazin wollte von uns wissen, wie wir mit dem Verlust unserer Tochter umgehen. Ich musste an mich halten, um nicht unhöfliche Worte für die Absage zu wählen. Ich empfand es als pietätlos, dass uns nicht wenigstens ein paar Wochen zugestanden wurden, um die erste Schockphase zu überstehen und zumindest die Beerdigung hinter uns zu bringen.

Auf der anderen Seite war ich so gezwungen, von Anfang an zu reflektieren, was mit uns geschah. Das half mir, nicht in eine anhaltende Depression abzudriften, sondern die Flucht nach vorne anzutreten. Dies ist übrigens keine untypische Reaktion für Trauernde. Viele suchen sich eine Aufgabe mit dem Ziel, dem sinn- und trostlosen Verlust zumindest eine Restbedeutung einzuhauchen. Damit die Folgen des Verlustes eines geliebten Menschen zumindest für irgendetwas gut sind.

Auch wenn es keinen ersichtlichen Grund gibt, warum ein kleines Mädchen gewaltsam aus dem Leben gerissen werden sollte, und kein Aktivismus den Schmerz lindern kann.

Das wurde mir und meiner Frau besonders deutlich, als Marzia, eine gute Bekannte, einige Monate nach unserem Unfall mit ihrer Familie im Auto an einem unbeschrankten Bahnübergang von einem Zug erfasst wurde. Ihr Sohn starb noch vor Ort, und sie wurde selbst schwer verletzt. In den Morgenstunden des nächsten Tages bekam ich eine SMS von ihr, in der sie schrieb, dass es jetzt unsere beiden Familien getroffen habe.

Noch im Krankenhaus startete sie eine Petition für besser gesicherte Bahnübergänge, bemühte sich um Gespräche mit Politikern und Entscheidungsträgern, gab Presseinterviews und versuchte mit allen ihr zur Verfügung stehenden Mitteln, der Wucht ihres sinnlosen persönlichen Verlustes eine sinnstiftende Maßnahme entgegenzusetzen, mit der sich nicht nur Freunde, sondern bald auch eine breitere Öffentlichkeit solidarisierte. Marzia wusste, dass weder der Respekt noch das Mitgefühl oder die Unterstützung vieler tausend Menschen ihre Trauer mindern oder ihr ihren Sohn wiedergeben konnten. Sie ist jedoch ein gutes Beispiel für Trauer, die sich mitteilen muss. Sie wollte die Unbegreiflichkeit des eigenen Verlustes nicht mit sich selbst ausmachen, sondern bezog etwas Kraft daraus, dass Freunde und über die sozialen Netzwerke auch ein erweitertes Umfeld an ihrem Schicksal Anteil nahmen.

Das geht mir ähnlich. Ich habe mich mit meiner Rolle als öffentliche Person im kirchlichen Umfeld arrangiert. Und zudem ist Authentizität für mich von entscheidender Wichtigkeit. Ich glaube, dass ich dann den nachhaltigsten Eindruck meiner

Werte und Sicht des Glaubens bei Menschen hinterlassen kann, wenn ich ihnen einen ehrlichen Einblick in mein Innenleben gestatte. Ich bin kein Freund von Menschen, die in Politik, Gesellschaft und Glaube hehre Leitsätze propagieren, ohne einen persönlichen Einblick zu erlauben, wie sie all das mit Leben füllen. Sicher sind Persönlichkeiten unterschiedlich; sicher gibt es Grenzen der eigenen Privatsphäre, die auch bei offenherzigen Menschen besser gewahrt bleiben. Aber in unserer Zeit haben Authentizität und Leidenschaft wohl deswegen einen so hohen Stellenwert, weil wir von so viel Künstlichem umgeben sind.

Als christlicher Musiker versuche ich seit vielen Jahren, durch meine Lieder, Konzerte und Seminare, Bücher und Artikel für einen Lebensstil der Dankbarkeit Gott gegenüber zu werben. Ich möchte Menschen dazu ermutigen, eine persönliche Beziehung zu Gott zu suchen und dafür ehrliche Ausdrucksformen zu finden. Ich möchte Musik schaffen, die diese Beziehung widerspiegelt, und Texte schreiben, durch die ich mich auch in schweren Zeiten vertrauensvoll an den Schöpfer wende. Daher war es für mich eigentlich nie eine Frage, ob ich meine Reisetätigkeit einstellen sollte.

Da ich meinen Beruf liebe, von meinem Glauben zehre und von Herzen Musiker bin, wollte ich auch mitten in dieser Lebenskrise eine begrenzte Zahl von Konzerten geben – wohl wissend, dass diese nun eine komplett andere Note haben würden als vorher. Aber natürlich auch in der Hoffnung, dass diese Konzerte für mich von Anfang an eine therapeutische Wirkung haben würden.

So habe ich mich entschlossen, nur einen Teil der für Herbst/ Winter 2014 gebuchten Konzerte abzusagen. Dabei war ich unendlich dankbar dafür, die meisten Auftritte nicht alleine bestreiten zu müssen, sondern mit Lars, einem ganz wunderbaren Keyboarder und Sänger, der für mich zu der besten moralischen Unterstützung wurde, die ich mir an meiner Seite hätte wünschen können – vor und auch hinter den Kulissen. Lars ist einer der humorvollsten Menschen, die ich kenne, und es tat sehr gut, neben all den tiefschürfenden Gesprächen und Konzertmoderationen, bei denen ich kein Blatt vor den Mund nahm, zwischendurch auf den Autofahrten auch über irgendwelchen Quatsch herzlich lachen zu können. Oder gute Musik zu teilen, die wir lieben. Aber Lars hat mir auch den Raum gegeben, meinen Tränen ungeniert freien Lauf zu lassen, wenn eine Erinnerung an Sara um die Ecke geschossen kam und für einen Moment mal wieder meine gesamte Gefühlswelt einnahm. Oder mit mir zusammen auf den langen Fahrten die Podcasts von Rick Warren zu hören, weil er spürte, dass sie mir bei der Verarbeitung halfen.

Für einen besonders denkwürdigen Gig war ich allerdings allein gebucht. Ich bin seit 2005 musikalischer Botschafter des international operierenden Kinderhilfswerkes WORLD VISION, das an unserem Wohnort ansässig ist. Über die Jahre haben sich intensive Beziehungen entwickelt, vor allem die Freundschaft zum Geschäftsführer Christoph und seiner Familie. Gemeinsam mit ihm und zwei weiteren Mitarbeitern hatte ich vor einigen Jahren mein Patenkind Eden in Äthiopien besucht, und auf dieser für mich sehr einprägsamen Reise war mir der Wert jedes einzelnen Menschen noch einmal drastisch vor Augen geführt worden.

Die Äthiopier gelten als ein würdevolles, stolzes Volk, obwohl sie von Klima, Politik und Armut schwer gebeutelt sind. Umso berührender fand ich es, in die strahlenden Augen der Kinder zu sehen, die sich von den schwierigen Umständen nicht ihre pure Lebensfreude rauben ließen. Ich war beeindruckt von der finanziellen und praktischen Hilfe, die im Projekt ankam und im Alltag dieser ärmsten der Armen einen großen Unterschied machte. Von den Mitarbeitern, deren Glaube sie dazu motivierte, in noch so widrigen Umständen mutig und gewissenhaft ihren Mann bzw. ihre Frau zu stehen. Und ihrer großen fachlichen Kompetenz, mit begrenzten Mitteln zur Verbesserung der Lebensumstände ganzer Landstriche beizutragen, obwohl ihnen die Regierung die Arbeit nicht immer leicht machte.

Nun stand das 35-jährige Jubiläum von WORLD VISION an. Ich hätte eigentlich schon am 7. September für eine Veranstaltung des Hilfswerks spielen sollen, konnte diesen Termin nur vier Tage nach unserem Unfall aber nicht wahrnehmen. Für mich war es eine Herzensangelegenheit, nicht auch noch das Event im November abzusagen. Ich muss jedoch gestehen, dass mir das Herz in die Hose rutschte, als der Tag näher kam. Wir hatten gerade unsere Tochter zu Grabe getragen, und jetzt sollte ich mich unterstützend und werbend für eine Organisation auf die Bühne stellen, deren Claim „Zukunft für Kinder" war?

Nach einigem Hin und Her wurde mir dann klar, dass ich es gerade deshalb tun musste! Um genau diese Botschaft an die Gäste weiterzugeben. Gerade weil ich eines meiner geliebten Kinder verloren habe, ist es mir von Herzen wichtig, mich für das Wohlergehen von Kindern einzusetzen, die keine Stimme haben und auf unsere Unterstützung so dringend angewiesen sind. Und das gilt weiß Gott nicht nur für Drittwelt-Länder. Fast jedes fünfte Kind in Deutschland lebt unterhalb der Armutsgrenze. Mir wurde klar, dass ich meine Trauer in Antriebskraft verwandeln kann, um der Stimme, die mir gegeben ist, Gehör zu verschaffen.

Das galt nicht nur für diese WORLD VISION-Veranstaltung, sondern auch für alle Konzerte mit Lars. Ich warf die bisherigen Moderationen weitgehend über den Haufen und gab stattdessen in persönlichen Streiflichtern einen Einblick in den zerrissenen, zerbrechlichen und trotzdem nicht hoffnungslosen Zustand, in dem ich mich gerade befand.

Die Rückmeldungen nach den Konzerten des Spätherbstes und Winters waren sehr emotional. Was mich daran am meisten berührte, war, dass immer wieder Besucher zum Ausdruck brachten, wie viel Mut ihnen der Abend bei aller Schwere des Themas gemacht habe. Viele erzählten mir auch unter Tränen ihre eigene Geschichte.

Am Rande eines Konzertes kam eine sehr jung aussehende Frau auf mich zu – rein äußerlich noch mehr Mädchen als Erwachsene – und fragte, ob sie mich mal drücken könne. Sie könne so gut nachvollziehen, wie ich mich fühlte, denn sie habe auch kürzlich ihr Kind verloren. Während ich sie in den Arm nahm, schoss mir durch den Kopf, dass sie ganz und gar nicht verstehen konnte, wie ich mich gerade fühlte. Denn sie hatte ihr Kind ja wahrscheinlich noch im Mutterleib verloren, vielleicht noch nicht einmal einen Namen ausgesucht und es sicher nicht fast elf Jahre lang aufwachsen sehen. Sie hatte nicht all die Ähnlichkeiten im Wesen entdeckt, die Sara und mich für immer als Papa und Tochter verbinden werden, und nicht die dramatischen Umstände zu verwinden, die sie aus meinem Leben gerissen hatten.

Aber in dem Moment, wo mir all diese nicht gerade gütigen Gedanken durch den Kopf schossen, wurde mir schlagartig bewusst, dass man den subjektiven Schmerz eines Menschen nicht messen kann, so wenig, wie sich dieser Schmerz mit dem eines anderen vergleichen lässt. Die junge Frau hatte einen ebenso dramatischen, unvorstellbaren, vorerst alles überschattenden Verlust zu verkraften wie ich. Und auch wenn sie meinen Schmerz nicht wirklich nachvollziehen konnte, so konnte ich doch von Herzen mitfühlen, dass der Einschnitt schrecklich und niederschmetternd für sie sein musste. Und so tat mir meine ursprüngliche Reaktion im Nachhinein leid.

Ich stellte relativ schnell fest, dass sich meine Wahrnehmung des Leids anderer Menschen auf einmal drastisch veränderte. Ich habe mich immer für einen empathischen Menschen gehalten, dem das Befinden von Menschen in seinem Umfeld wichtig war. Aber auf einmal wurde mir deutlich, dass viele meiner Freunde in den letzten Jahren große persönliche Verluste erlitten hatten: chronische Krankheiten ihrer Kinder, den Tod eines oder beider Elternteile, wenn auch oft in hohem und erfülltem Lebensalter. Aber auch die schmerzhafte Trennung von einem langjährigen Partner. Mir wurde klar, dass ich mir ihren Schmerz nicht annähernd so zu Herzen genommen hatte, wie das unserer Freundschaft und Verbundenheit angemessen gewesen wäre.

Man sagt, dass schwangere Frauen auf einmal anfangen, um sich herum überall Schwangere wahrzunehmen, die sie vorher nicht gesehen haben. Obwohl sie in ähnlicher Zahl immer da gewesen sind. Das eigene Bewusstsein war für diesen Umstand nur noch nicht geschärft. So erging es mir auf einmal mit den Menschen um mich herum, die in persönlichen Notlagen waren.

Wenn uns unsere eigenen Verluste und Zerbrüche zu barmherzigeren Menschen machen, dann liegt darin bei allem Leid doch ein großer Segen!

Und auch die Dankbarkeit, die Anja und ich schon in den ersten Tagen im Krankenhaus so stark empfunden haben, hat mich seitdem weiter begleitet. Ich kann nicht zählen, wie viele Menschen mir seitdem geschrieben haben oder nach Konzerten auf mich zugekommen sind mit diesen oder sehr ähnlichen Worten: „Du wirst mich nicht kennen, aber ich wollte dich nur kurz wissen lassen, dass wir regelmäßig für euch beten." Oder: „Ich habe mich in den letzten Monaten nicht bei euch gemeldet, weil ich nicht genau gewusst habe, was ich sagen soll. Aber ich habe unablässig für euch gebetet."

Vor ein paar Tagen erst erzählte uns ein Freund, den wir zum Zeitpunkt des Unfalls noch gar nicht so gut kannten, er wäre gerade auf der ersten Etappe des Franziskus-Wegs in Italien gewesen, als er von seiner Frau am Telefon von unserer Situation hörte. Und von diesem Tag an seien wir so nah an seinem Herzen gewesen, dass er während seiner Pilgerwanderung in jeder Kirche, die er aufsuchte, eine Kerze für Sara anzündete, begleitet von innigen Gebeten für unser Wohlergehen.

Eine außergewöhnliche Geschichte bekam ich etwas mehr als ein Jahr später am Rande eines Musikfestivals in Ostwestfalen erzählt: Ein ehemaliger Musikerkollege, von dem ich etwa 20 Jahre lang nichts mehr gehört hatte, erzählte mir, dass er im September 2014 mitten in der Nacht mit dem dringenden Impuls aufwachte, für mich und meine Familie beten zu müssen. Das hat er gemacht, ohne zu ahnen, was uns zugestoßen war. In der folgenden Nacht wiederholte sich dasselbe: Er wachte auf mit dem Gedanken, für uns beten zu müssen. Etwas später hatte er dann von unserem Unfall erfahren, und nun erzählte er mir, dass er seitdem buchstäblich jeden Tag für uns gebetet hätte. Und zwar nicht auf die Art und Weise, wie man das in frommen Kreisen manchmal tut: indem man sich eine Liste mit Gebetsanliegen macht und diese Gott vorträgt, manchmal ausführlicher und manchmal eher wie eine Pflichterfüllung, um den Punkt auf der Liste noch abzuhaken. Nein, er sagte, sein innerer Drang, für uns zu beten, sei so stark gewesen, dass seine Frau ihn irgendwann verwundert gefragt habe, ob er schon wieder für die Kopfermanns beten würde. Vor allem habe er in dieser Zeit für den Fortbestand unserer Ehe gebetet und dass uns der Verlust nicht auseinanderdriften lässt.

Sein nächster Satz berührte mich besonders: Er habe auch stellvertretend für mich immer wieder mit Gott um die Frage gerungen, warum gerade Sara so früh gehen musste. Denn ich habe das wohl in der ganzen Zeit nicht getan …

Ich hatte im ersten Jahr nach Saras Tod in der Tat so gut wie nie das Bedürfnis verspürt, Gott für Saras Tod anzuklagen. Tränen gab es umso mehr, aber die Frage nach dem Warum stellte sich gar nicht so existenziell. Umso mehr ging es mir zu Herzen, dass jemand, mit dem ich viele Jahre lang nichts zu tun hatte und der komplett aus meinem Blickfeld geraten war, so viel Herzblut investierte, dass er sich stellvertretend für mich „mit Gott anlegte".

Ich bin fest davon überzeugt, dass es diese geheimnisvolle unsichtbare Welt gibt, in der wir kleinen, minderbemittelten Menschen den mächtigen Arm Gottes ein Stückchen bewegen können, wenn wir mit Leidenschaft und Barmherzigkeit für etwas eintreten. Nicht, weil er uns sonst übersehen würde oder kein persönliches Interesse an uns hat, sondern weil ihm unsere innere Haltung am Herzen liegt.

Im November haben Anja, Tim und ich unsere engen Freunde Toby und Andrea in Düsseldorf besucht. Diese Reise war für mich emotional besonders intensiv, denn wir hatten unseren letzten Trip zu ihnen am Wochenende von Saras 10. Geburtstag unternommen; dem letzten, den wir mit ihr feiern konnten. Tim war damals zu Hause geblieben. Nun waren wir in unserer anderen Dreier-Konstellation da, und ich konnte die Erinnerungen an die Tage im letzten Jahr, als die Welt noch in Ordnung gewesen war, kaum abschütteln.

Ein Programmpunkt für unser gemeinsames Wochenende war der Besuch des Planetariums in Bochum. Dort sahen wir eine Vorführung, in der zuerst unser Milchstraßensystem gezeigt wurde. Dann erweiterte sich der Fokus, bis jeder Besucher klar vor Augen hatte, wie klein dieser Ausschnitt im Vergleich zum gesamten Universum ist. Ich drückte mich fest in meinen Sitz und hoffte, dass niemand die Sturzflut von Tränen sah, die mir während dieser Stunde über die Wangen liefen. Mir wurde wieder bewusst, wie unendlich klein der Ausschnitt des Lebens ist, den wir sehen können, und wie viele Welten und Galaxien da draußen noch existieren. Wir wissen nur kaum etwas von ihnen, weil selbst das Licht ein ganzes Menschenleben braucht, um zu ihnen zu gelangen! Und irgendwo dort, in Gottes weiter Welt, wohnt meine kleine Sara schon jetzt – und tanzt...

Schon Ende September war in der *idea*, der Zeitschrift des Informationsdienstes der Evangelischen Allianz, die folgende Pressemeldung erschienen:

Friedrichsdorf (idea) – An den Folgen eines Verkehrsunfalls ist Sara Kopfermann (10), die Tochter des christlichen Musikers und Produzenten Arne Kopfermann (Friedrichsdorf bei Frankfurt am Main), am 13. September gestorben. Wie die

Evangelische Nachrichtenagentur idea erfuhr, war das Mädchen nach dem Unfall nicht wieder aus dem Koma erwacht. In den Worten Kopfermanns ist seine Tochter „weitergezogen, um geborgen und sicher bei Gott zu leben". Die Familie sei „unendlich traurig, aber getröstet durch das Wissen, dass Sara dort, wo sie jetzt ist, gut aufgehoben ist". Kopfermann und seine Frau Anja bedanken sich bei den vielen Menschen, die für die Familie gebetet haben. „Darauf werden wir auch in nächster Zeit sehr angewiesen sein", so der 47-Jährige.

Um das Wochenende in Düsseldorf herum bekam ich eine Mail von einem *idea*-Leser, der uns zuerst sein Beileid aussprach, dann aber zum eigentlichen Grund seiner Zuschrift überging: Er wies mich darauf hin, dass es nicht biblisch sei zu sagen, Sara sei weitergezogen, um schon jetzt bei Gott zu leben. Schließlich würden mehrere Stellen in der Bibel ausdrücken, dass die Toten bis zum Jüngsten Tag in ihren Gräbern verbleiben, und es gäbe laut Bibel keine unsterblichen Seelen, sondern nur sterbliche Lebewesen.

Ich habe auf diese E-Mail nie geantwortet, weil ich ehrlich gesagt zu schockiert und befremdet war. Zum einen konnte ich nicht verstehen, warum jemand das Bedürfnis hatte, mich so kurze Zeit nach Saras Tod in eine theologische Diskussion zu verwickeln, ohne Rücksicht auf unseren offensichtlich fragilen Zustand zu nehmen. Ich empfand das als eine Verletzung des Anstandes. Und hätte ich kein so festes Glaubensfundament gehabt, wäre ich nach der Lektüre dieses Leserbriefes wohl schwer verunsichert und persönlich getroffen gewesen. Denn falls dieser Leser recht gehabt hätte, hätte ja keiner der „Gebetseindrücke" wahr sein können, von denen ich im Kapitel 3 erzählt habe.

Ich glaube, dass es gute Gründe für die Annahme gibt, dass die Seele eines Menschen nach dem Sterben direkt mit Gottes Realität in Berührung kommt. Jesus selbst hat zu einem der Verbrecher, die neben ihm gekreuzigt wurden, gesagt: „Noch heute wirst du mit mir im Paradies sein" (Lukas 23,43; Hfa). Und auch der Text in 2. Korinther 12,3–4 ist ein klares Indiz dafür, dass dieser Ort schon jetzt parallel zu unserem Erleben existiert.

Paulus beschreibt seine eigene Erfahrung in der dritten Person mit folgenden Worten:

Ich kenne einen Menschen, der mit Christus eng verbunden ist. Vor vierzehn Jahren wurde er in den dritten Himmel entrückt. Gott allein weiß, ob dieser Mensch leibhaftig oder mit seinem Geist dort war. Und wenn ich auch nicht verstehe, wie er dorthin kam – auch das weiß allein Gott –, er war im Paradies und hat dort Worte gehört, die für Menschen unaussprechlich sind. Was dieser Mensch erlebt hat, das will ich rühmen. Bei mir selbst aber lobe ich nur meine Schwachheit. (2. Korinther 12,2–5; Hfa)

Dieser Bibelstelle nach kommen sich Himmel und Erde so nah, dass wir sogar schon auf dieser Erde an die Schnittstellen stoßen können. Zwei Realitäten, die scheinbar wenig miteinander gemeinsam haben, berühren sich, weil Himmel und Erde parallele Welten mit schmalen Durchlässen und angelehnten Fenstern sind!

Uwe Vetter sagt dazu: „*In griechischen Intellektuellen-Kreisen kursierten Meinungen, wonach die Seele in der Ekstase den Körper verlassen und anschließend wieder in ihn zurückkehren kann (so Platon, Politeia X, 614–621), gewissermaßen eine ‚Out-of-Body-Erfahrung', die man mit Meditationstechniken herbeiführen kann. Im Judentum,*

das die Trennung von Leib und Seele nicht vertrat, gab es demgegen-
über die Überzeugung, dass man ,im Leib' die Dinge der himmlischen
Welt erfahren konnte. Paulus macht dazu eine vielleicht sogar ironi-
sche Seitenbemerkung: Es ist doch völlig gleich, ob nun im Leib oder
außerhalb, es kommt nicht auf die Technik an, sondern darauf, dass
diese unterschiedlichen Realitäten existieren ... Im Hebräischen, der
Gebetssprache in Israel zu Jesu Zeiten, ist ,Himmel' ein Pluralwort –
haSchammájjim/die Himmel –, vielleicht um deutlich zu machen,
dass es Wesenheiten verschiedener Gottesnähe in den Himmeln gebe,
und um das Phänomen ,Himmel' in all seiner Vielschichtigkeit und
Hintergründigkeit offenzuhalten. Auch Jesus verwendet diese Mehr-
zahlform im Vaterunser-Gebet, wo es wörtlich übersetzt heißt: ,Un-
ser Vater in den Himmeln (Avínu beSchammajjim, oder Aramäisch:
Avún d'Waschammájja), geheiligt werde dein Name...'"[4]

Wie mir auch bei unserem Besuch im Planetarium klar
wurde, haben Menschen also schon seit einigen Tausend Jahren
von der Weitläufigkeit des Himmels gewusst, die sich uns noch
nicht einmal in Ansätzen erschließt. Und davon, dass Gottes Gegenwart diese Himmel füllt.

Darüber hinaus gibt es eine Vielzahl an Erfahrungsberichten
von Menschen, die Nahtoderfahrungen gemacht haben. Unge-
zählte Bücher sind von Betroffenen zum Thema geschrieben
worden, und auf der Wikipedia-Seite zum Thema werden diese
Berichte sehr prägnant und anschaulich zusammengefasst:

„Ein großer Teil der Betroffenen beschreibt einen Übergang, der
am häufigsten als Durchgang durch einen Tunnel beschrieben wird,
an dessen Ende helles Licht zu sehen ist. Manche Betroffenen berich-

---

4 http://predigten.evangelisch.de/predigt/im-dritten-himmel-predigt-
zu-2-korinther-12-1-5-von-uwe-vetter

ten vom Jenseits: je nach Studie in einem Zehntel bis zwei Drittel der Nahtod-Erlebnisse. *Verwandte oder übernatürliche Gestalten kommen, um den Betroffenen abzuholen: Schon in den von Papst Gregor dem Großen gesammelten Berichten erscheinen Apostel, Verwandte oder Freunde zur Abholung. In den von Osis und Haraldson untersuchten Totenbettvisionen aus Indien und Amerika kommen solche Wesen in etwa 78% der Fälle vor; bei den Amerikanern überwiegend verstorbene Verwandte... In vielen Nahtoderfahrungen nimmt die Person ein helles weißes Licht wahr. Das Licht wird je nach Religionszugehörigkeit als Sonne, Gott, Engel oder als Widerspiegelung des allerhöchsten Bewusstseinszustandes des Menschen identifiziert.*" Für viele Menschen sind starke Gefühle von Schmerzfreiheit, Frieden, Freude und Glückseligkeit der bemerkenswerteste Teil ihrer Erfahrung.[5]

Es ist mir rätselhaft, warum manche Christen so überzeugt über Dinge sprechen, die sie als menschliche Geschöpfe doch gar nicht ganz verstehen und durchleuchten können. Viele Realitäten werden uns unsere gesamte Zeit hier auf Erden lang verborgen bleiben, und Theologie wird wie alle anderen Sozialwissenschaften auch nur ein begrenztes Instrument bleiben, das Mysterium des Lebens und Gottes zu erfassen.

Ein wenig Demut tut uns bei aller Leidenschaft also gut, wenn selbst Paulus nach seiner „Entrückungserfahrung" zu dem Schluss kommt, er könne sich nur seiner Schwachheit rühmen und wisse nicht, wie er an diesen himmlischen Ort gekommen sei. Wenn es also Bereiche gibt, die sich unserem Zugriff entziehen und denen wir uns nur behutsam tastend annähern können, dann würde ich gerne dafür werben, theologische Teilüberzeugungen nicht absolut zu setzen. Und in jeder Diskussion

---

5 These Strange Ashes (Grand Rapids, III: Revell, 1982), S. 7

auch zu überlegen, was unsere Aussagen und Handlungen im Leben von leidenden Menschen auslösen können.

Einen weiteren wenig erfreulichen Tag Ende November habe ich ebenfalls noch in besonders lebendiger Erinnerung. Es war in den frühen Abendstunden, aber schon dunkel draußen, wie es für die Jahreszeit normal ist. Das Besondere dieses Abends war, dass es kräftig zu schneien angefangen hatte, und innerhalb von zwei Stunden lag unser Wohngebiet unter einer dicken Schneedecke.

Anja, Tim und ich hatten unsere Jacken angezogen und waren rausgegangen. Tim freute sich wie ein Schneekönig an diesem unerwarteten Winter-Wunderland. Ihm bescherte dieser Moment etwas Leichtigkeit in einer so mit Schmerz besetzten, verwirrenden Zeit. Aber ich konnte mich nicht an der von ihm initiierten Schneeballschlacht mitfreuen. Stattdessen strömten mir die Tränen in Sturzbächen übers Gesicht, was ich aber vor meinem Sohn verbergen wollte, um ihm seine Freude nicht zu rauben.

Irgendwann bin ich einfach losgelaufen, um allein zu sein mit meinen überbordenden Empfindungen von Verlust und Trauer und Einsamkeit, obwohl doch meine Familie um mich war. Mir stand vor Augen, dass ich diesen Moment nie mehr mit Sara teilen konnte, obwohl sie – wie wohl jedes Kind – den ersten Schnee geliebt hatte und ich mir ihr vor Freude strahlendes Gesicht noch so lebhaft vorstellen konnte. Mir kam das Lied in den Sinn, das ich geschrieben habe, als Sara sieben Jahre alt war:

Wie der Schnee

Der Schnee legt sich wie Märchenzauber auf das Land
Voll stiller Kraft, so weich und unberührt

Die Flocken tanzen federleicht und schwerelos
Hier gibt es nichts, was ihre Kreise stört

So weit das Auge sieht, reicht diese weiße Pracht
Vollendet schöne, kalte Winterzeit
Mir wird ganz warm ums Herz
Als mich sanft der Himmel küsst
Mein Herz wird weit, mein Herz wird weit

Ich will sein wie der Schnee, so rein
Zeige mir den Weg zum Glücklichsein
Ich will sein wie der Schnee, so rein
Nur bei dir kann ich glücklich sein
Kann ich glücklich sein

Der Schnee legt sich wie ein Gewand um unser Land
Er deckt die grauen, kargen Felder zu
Er leuchtet hell und klar schon in der Dämmerung
Da, wo er fällt, bringt er die Welt zur Ruh

So weit mein Auge sieht, umgibt mich diese Pracht
Und strahlt hinein in meine Winterzeit
Mir wird ganz warm ums Herz
Als mich sanft der Himmel küsst
Mein Herz wird weit, mein Herz wird weit

Ich will sein wie der Schnee ...

An jenem Abend hatte der Schnee für mich nichts Tröstliches. Er
wurde vielmehr zu einem Symbol für vergangene Kindheit und

verlorene Unschuld. Und in diesem unerträglichen Schmerz konnte ich Tim nicht geben, was ich ihm als Vater schuldig gewesen wäre: ein wenig Leichtigkeit und das Gefühl, trotz allem noch etwas Kind sein zu dürfen – nicht gänzlich unserer harten Realität ausgeliefert zu sein.

Ich habe mich in den ersten Monaten nach Saras Tod gefragt, ob ich wohl noch neue Lieder in mir tragen würde oder ob dieser Strom angesichts meines Traumas versiegen würde – ähnlich wie bei einem meiner größten Vorbilder. Sting, mit bürgerlichem Namen Gordon Matthew Thomas Sumner, ist zeit meines Erwachsenenlebens mein größtes musikalisches Idol gewesen. Und er hatte nach seinem „Sacred Love"-Album mit einer viele Jahre andauernden Schreibblockade zu kämpfen, die er zwar mit „Best Of"-Alben in verschiedenen musikalischen Gewändern überbrückte, aber erst überwand, als er nach langer autobiografischer Nabelschau im Songwriting mit dem Musical „The Last Ship" ein Thema außerhalb von sich selbst fand – auch wenn viele Eindrücke seiner Kindheit darin wiederzufinden sind.

Umso einschneidender wurde einer der Abende im Februar 2015 für mich, als ich mit einer Gitarre in meinem Arbeitszimmer saß und versuchte, meine Hoffnung in Worte zu fassen. Daraus entstand dieses erste Lied nach Saras Tod:

Wenn alles gesagt ist

Wenn alles gesagt ist, die Arbeit vertagt ist
Der Abend zum Ende sich neigt
Wenn Worte versiegen, dann kommt zum Erliegen
Die drängende Rastlosigkeit

Dann halte ich inne, verschließe die Sinne
Für das Pulsieren der Zeit
Und such deine Nähe, die ich nicht verstehe
Das Raunen der Ewigkeit

Wenn alles gesagt ist, durchdacht und gefragt ist
Dann find ich ins Auge des Sturms
Mal muss ich mich schleppen, dann eil ich die Treppen
Hinauf zu der Spitze des Turms
Ich ahne die Wahrheit und atme die Klarheit
Die deinen Himmel durchweht
Ich will hier verweilen und schreib ein paar Zeilen
Woraus meine Hoffnung besteht

Denn du bist, der du bist
Und du tust, was du sagst
Und in deinem Licht seh ich das Licht

Ich kann mein Vertrauen doch nur auf das bauen
Was hinter dem Horizont liegt
Was dort schon geschieht, was mein Auge nicht sieht
Ist, was mich in Sicherheit wiegt
Das Ziel meiner Träume, es öffnet mir Räume
Für Farbe und Wärme und Klang
Es füllt meine Sinne, halt ich jetzt nur inne
Und folg diesem inneren Drang

Den kindlichen Glauben kann mir niemand rauben
Er trägt auch im dunkelsten Tal
Dies innere Wissen will ich nicht mehr missen

Erscheint es auch irrational
Dies innere Sehnen, mich an dich zu lehnen
Ist tief in mein Herz eingebrannt
Am Ziel meiner Reise, ganz friedlich und leise
Hinüberzugehen in dein Land

Denn du bist, der du bist...

KAPITEL 8

VON WEIHNACHTEN UND ANDEREN SCHWIERIGKEITEN

Gerade das erste Weihnachten war für uns als ganze Familie eine riesengroße Herausforderung. Ein Fest, das kulturell so sehr mit Familienglück verbunden ist, wird schnell zu einer Tortur für die, deren Familie nicht so intakt ist. In dieser ersten Weihnachtszeit hat mir ein Artikel von Kay Warren sehr geholfen, der mit den Worten „Hör auf, fröhliche Weihnachtskarten zu senden" überschrieben war:

Weihnachten 2013 war das erste unserer Familie ohne unseren Sohn Matthew. Ich konnte kaum atmen. Ich bin den Supermärkten und Einkaufspassagen ferngeblieben, weil ich Angst hatte, nicht die Fassung bewahren zu können. Das Internet wurde mein Freund, weil ich meine Einkäufe dort spätabends erledigen konnte, ohne die sentimentale Musik in den Geschäften, die nur Erinnerungen an vergangene Weihnachtsfeste in mir wachrief – als noch alle drei meiner Kinder am Leben waren.

Aber jeden Tag kamen Weihnachtskarten bei uns an. Als ich den ersten Stapel öffnete, erfasste mich eine Schockstarre. Fotos von wunderschönen, fröhlichen, intakten Familien bedeckten unseren

Küchentisch. Die meisten zierte ein geschwungener Gruß, der uns fröhliche Weihnachten wünschte ... Andere enthielten standardisierte Familienrundbriefe, die die besonderen Leistungen, Familienurlaube und glücklichen Erinnerungen des vergangenen Jahres auflisteten. Zuerst war ich überrascht und dann wütend, als mir bewusst wurde, dass keine der Karten darauf einging, dass unser Sohn sechs Monate zuvor durch eigene Hand ums Leben gekommen war und wir Zurückgelassenen in diesem Jahr definitiv kein fröhliches Weihnachtsfest erleben würden.

Irgendwann hab ich das Kartenöffnen Rick überlassen ... Wochen später hab ich sie überflogen, während mir Tränen der Wut über die Wangen liefen. Ich teilte sie in drei Stapel auf. Einen, der unsere Trauer gar nicht erwähnte. Einen, der darauf nur mit einem kurzen „Wir beten für euch" einging, und einen, der tröstende, liebevolle und sorgsam gewählte Worte voller Mitleid und Empathie enthielt. Der dritte Stapel war der kleinste.

Kürzlich öffnete ich die erste Weihnachtskarte dieses Jahres. Ich fragte mich, ob ich im letzten Dezember vielleicht übersensibel gewesen war – und zu jener Zeit so überwältigt von dem Verlust unserer Familie, dass jeder Ausdruck von Glück sich anfühlte, als würde jemand meine Wunde aufkratzen. Als ich die Karte öffnete – ein Kunstdruck auf sehr wertigem Papier mit der Unterschrift eines Pastors, den ich nicht einmal kannte –, habe ich sie einfach weggeworfen.

Letzte Woche habe ich auf Facebook über diese Erfahrung geschrieben. Ich bat die Leser, in Erwägung zu ziehen, anstelle des obligatorischen glücklichen Familienfotos eine unbedruckte, handgeschriebene Karte an Familien in Trauer zu schicken. Und in ein paar wenigen Worten auszudrücken, dass einem bewusst ist, wie schmerzhaft dieses Weihnachtsfest für sie sein muss, und dass sie umbetet sind. Ich schrieb: „Ja, das ist unbequem – es braucht mehr

Zeit als eine dahingehuschte Unterschrift, und es bedeutet, dass man sich in den Verlust, die Klage, den Schmerz und die Wut des anderen einfühlen muss." Ich beendete meinen Post stellvertretend für alle trauernden Eltern mit den Worten: „Wenn du nicht dazu bereit bist, dann tu uns den Gefallen und nimm uns von deiner Weihnachts-karten-Liste."

Hunderte von Leuten pflichteten meinen Worten bei und berichteten von ähnlichen Erfahrungen. Andere fühlten sich durch meine Worte tief verletzt und ließen mich das auch wissen. Ich lerne erst langsam, dass Trauer auf der einen Seite universell ist und auf der anderen Seite so individuell wie jede Person, die trauert.[6]

Anja und ich haben uns ausführlich über diesen Artikel unterhalten. Während sie ihn im Ansatz richtig, aber etwas überengagiert und übers Ziel hinausschießend empfand, sprach er mir sehr aus dem Herzen. Weihnachten 2014 haben wir zum ersten Mal seit vielen Jahren überhaupt keine Weihnachtsgrüße verschickt.

Ein paar Dinge gab es aber doch, die uns an diesem ersten Weihnachtsfest beschenkt haben. Ich habe für Anja einen Film zusammengeschnitten, für den viele Freunde kurze Handy-Videos aufgenommen hatten, die ihre Anteilnahme und Ermutigung zum Ausdruck brachten. Einige Künstlerkollegen haben Songvideos aufgenommen. Nicht alle waren ernst und tiefschürfend – manche waren auch wunderbare kleine Erinnerungen daran, dass Humor eine Gottesgabe ist, die uns dabei hilft, durch die schweren Zeiten im Leben zu kommen.

6 Vom Autor übersetzt aus: http//www.christianitytoday.com/ct/2014/december-web-only/kay-warren-stop-sending-cheery-christmas-cards.html

143

Ursprünglich hatte ich vorgehabt, auch an diesem Heiligabend wie seit vielen Jahren schon die musikalische Leitung in unserem Weihnachts-Gottesdienst zu übernehmen. Ende November bat mich Heiri, unser Pastor, aber recht inständig, mir noch einmal gut zu überlegen, ob ich mich dazu in diesem Jahr wirklich imstande sah. Denn noch im Vorjahr hatte Sara beim Krippenspiel eine Hirtenrolle gehabt, die sie so charakterstark ausfüllte, dass wir noch Monate danach darauf angesprochen wurden. Es war eigentlich eine Nebenrolle, die nur aus einem einzigen Satz bestand, der allerdings an verschiedenen Stellen auftauchte. Sara war nach der ersten Probe sehr enttäuscht nach Hause gekommen, weil sie keine größere Rolle mit mehr Text ergattert hatte. Als ich ihr daraufhin aber ein paar Tipps gab, auf wie viele unterschiedliche Arten man den Satz „Da hat er recht!" aussprechen und betonen kann, hellte sich ihr Gesicht auf, und sie begann, Gefallen daran zu finden. Und beim Krippenspiel war sie mit ihrer schelmischen, leicht exzentrischen Performance ein echter Hingucker gewesen.

Heiri hatte die Sorge, dass diese Erinnerungen noch so frisch und schmerzhaft waren, dass mich die aktive Rolle im Gottesdienst schlicht und einfach überfordern würde. Und eine Freundin schlug uns vor, wir könnten stattdessen einen anderen Gottesdienst in der Stadt besuchen, der nicht so stark mit Erinnerungen besetzt war.

Das war mir des Guten denn doch zu viel. Ich hatte unsere Gemeinde in den letzten Monaten als eine zweite Familie erlebt, die sich extrem mit unserer Not solidarisiert hatte. Und auch wenn ich in vielen Gottesdiensten am Sonntagmorgen kaum mitsingen konnte, weil ich immer wieder mit den Tränen zu kämpfen hatte, tat es mir gut zu wissen, dass viele Menschen dort, auch wenn sie nicht viele Worte machten, nach wie vor herzlich Anteil nahmen und regelmäßig für uns beteten.

Und so saßen wir an diesem Weihnachtsabend zu viert in einer Reihe – Maren, Tim, Anja und ich – und feierten die Geburt des Sohnes Gottes in Armut und Entbehrung. Die Geburt eines Kindes, dass bald ein Flüchtling und den überwiegenden Teil seines Lebens auf der Wanderschaft sein würde, ohne ein festes Zuhause. Ein einzigartiges Kind, das am Ende seines Lebens mit Schmerz vertraut sein würde wie kein Zweiter. Und das sich bis zur völligen Selbstaufgabe mit unserer Not eins machte.

Und während ich darüber nachdachte, dass der eigentliche Inhalt von Weihnachten auch für die von uns ein Trost ist, denen das größte Familienfest des Jahres hauptsächlich Schmerz bereitet, kam mir ein besonderer Moment in den Sinn, der erst ein paar Stunden her war.

Am Mittag hatte mich Anja angerufen, die gerade letzte Besorgungen machte, um mich auf den vielleicht größten Regenbogen aufmerksam zu machen, den ich je über unserem Dorf gesehen habe! Er stand für einige Minuten am Himmel – gefühlt direkt über unserem Haus. Es war, als ob Gott uns unmissverständlich daran erinnern wollte, dass er uns nicht vergessen hat und sein Versprechen, uns beizustehen, niemals brechen wird.

Auch beim zweiten Weihnachtsfest nach Saras Tod waren die Empfindungen kaum anders. Und so schrieb ich in einer Weihnachts-Mail an unsere engsten Freunde:

Ihr Lieben, wir haben im Moment nur begrenzte emotionale Kapazität, um Weihnachtskarten zu schreiben. Aber wir wollten euch auf diesem weniger poetischen Wege (als den farbigen

Karten vergangener Jahre) zumindest kurz ein Lebenszeichen schicken und ausdrücken, dass wir froh sind, dass es euch gibt!

Weihnachtsfeste haben seit zwei Wintern für uns eine deutlich veränderte Bedeutung bekommen. Wahrscheinlich deswegen, weil die Familie dann kulturell so sehr im Mittelpunkt steht. Für uns werden sie seitdem und wohl noch sehr lange mit Schmerz und Sehnsucht verknüpft sein; aber das bringt uns auf Umwegen auch noch näher an den Kern von Weihnachten heran. Gott tritt ganz unscheinbar in unsere Dunkelheit, um dann zu seiner Zeit ein helles Licht zu entfachen (Jesaja 9,1). Wir tragen diese Ahnung in uns, dass der geheimnisvolle, verhüllte Gott, den wir an Weihnachten feiern und der in aller Niedrigkeit zu uns kommt, dies alles weiß. Wir waren auch vor dem Verlust von Sara nicht vollständig, es war uns nur nicht so bewusst wie jetzt, wo jeder Tag eine neue Erinnerung daran ist, dass das Leben fragil und kein Mensch, Freund, Partner, Kind oder Kollege selbstverständlich ist. Wenn der Schmerz zum steten Wegbegleiter wird und die Lücke, die Sara aufgerissen hat, uns in allen Farben des Prismas begegnet – mal offen und dann wieder überfallartig hinterhältig –, dann kann uns das lähmen und verzweifeln oder die Flucht nach vorne antreten lassen: Menschen bewusster zu begegnen, barmherziger mit sich selbst und anderen zu sein; auch denen, bei denen der eigene Schutzwall niedriger und die Frustrationstoleranz geringer ist. Vor der Entscheidung, Zweiteres zu wagen, stehen wir jeden Tag neu.

Danke, dass ihr uns als Freunde auf diesem Weg begleitet, auch im neuen Jahr. Herzliche weihnachtliche Grüße!

Gott macht sich zu uns auf

Gott macht sich zu uns auf
Den weiten Weg zum Stall nach Bethlehem
Weil wir bedürftig sind
Wird er uns Menschen gleich als kleines Kind

Tief im Winter, bettelarm
Ein paar Decken halten ihn nur warm
Ohne Krone, ohne Geleit
Kommt das Licht der Welt in unsere Zeit
Kommt das Licht der Welt in unsere Zeit

Die Engel singen laut
Die Sterne tanzen wild im Himmelszelt
Weil Gott uns gnädig ist
Kommt dort im Stall die Liebe selbst zur Welt

In die Schwärze unserer Nacht
Hat uns Gott sein helles Licht gebracht
Ohne Krone, ganz unscheinbar
Macht er sein Versprechen an uns wahr
Macht er sein Versprechen an uns wahr

Es ist ein langer Weg
Von diesem Stall zum Kreuz auf Golgatha
Was dort im Stroh begann
Zieht dann am Kreuz die ganze Welt in Bann

Er, der ohne Sünde war
Bringt uns Menschen nun den Himmel nah
Wenn wir werden so wie ein Kind
Sehn wir, dass wir dort zu Hause sind
Sehn wir, dass wir dort zu Hause sind

Die Weihnachtszeit ist aber nicht der einzige Teil des Jahres, der es dem Trauernden besonders schwer macht. Auch Geburtstage sind eine beständige Erinnerung daran, dass wir jetzt als Familie zusammen gefeiert hätten. Unsere Urlaube sind für mich besonders schmerzhaft, weil sie die Wochen im Jahr markieren, in denen wir besonders viel Zeit miteinander verbracht, gespielt und gelacht haben. Unser vierter Doppelkopf-Partner fehlt an allen Ecken und Enden.

Der erste Schnee, das erste Frühlingserwachen nach einem kalten Winter, die ersten Sonnenstrahlen, die den Pullover gegen das T-Shirt eintauschen lassen und Kinder zum Spielen und Familien mit Fahrrädern aus ihren Häusern in die Natur treiben, haben bei mir überfallartig neue Trauerattacken ausgelöst. Der Spätsommer und die Herbstwochen sind für mich besonders schlimm; sie markieren die Tage, die direkt mit Saras Tod verbunden sind.

Ich habe im Krankenhaus in Lübeck darum gebetet, dass Saras Tod nicht direkt auf Anjas Geburtstag fällt; es hätte ihr wohl bis zum Lebensende das Feiern ihres Lebens massiv erschwert oder sogar verleidet. Die Konstellation jetzt ist aber auch eine heftige, denn Saras Todestag und Saras und Anjas Geburtstag liegen geballt auf drei unmittelbar aufeinanderfolgenden Tagen. Wir müssen Rituale finden, um diese Tage so zu begehen, dass beides, die Trauer und die Feier des Lebens, zu ihrem Recht kommen.

Sara und Anja hatten gedanklich ihre 68er-Party schon geplant, denn der 50. Geburtstag meiner Frau wäre auf den Tag nach Saras 18. Geburtstag gefallen. Dieses Fest werden wir niemals zusammen feiern können, und Saras Freundinnen und Mitschüler sind eine ständige Erinnerung daran, dass ich mit meiner Tochter auch auf keinem Tanzschul-Abschluss oder Abiball tanzen werde, mir keine Gedanken darüber machen darf, ob ihr erster Freund sie verdient hat oder die Entscheidungen, die sie mehr und mehr ohne unser Zutun getroffen hätte, wirklich gut für sie sind. Dass ich mit ihr auf keiner Wohnungseinweihungs-Fete durchmachen, keinen Führerschein mit einem Glas Sekt begießen und auch nicht als stolzer Papa all meinen Freunden ihren ersten veröffentlichten Artikel zeigen werde, wenn sie ihren Berufstraum „Journalistin" verwirklicht hätte.

Eltern, deren erwachsene Kinder aus dem Haus gehen, können nach dem ersten Abschiedsschmerz ja durchaus auch die Vorzüge der neu gewonnenen Freiheit genießen. Sie haben nun wieder mehr Zeit für sich und die Partnerschaft, knien sich vielleicht noch einmal intensiver in den Beruf, widmen sich einem lange hintenangestellten Hobby, bringen sich stärker in Gemeinde oder Vereinen ein oder unternehmen Reisen, die so mit den Kindern nicht möglich gewesen sind. Wir finden uns nun viele Jahre zu früh in dieser Situation wieder, müssen uns aber dazu zwingen, diese neue Freiheit auch als Bestandteil unserer Verarbeitungsstrategie zu begreifen und nicht nur als riesigen, scheinbar bodenlosen Abgrund, der sich vor uns auftut.

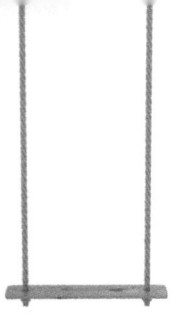

KAPITEL 9

ES GEHT NICHT OHNE HILFE

Ich habe ja bereits geschrieben, dass sich Anja schon wenige Tage nach unserer Rückkehr psychologische Hilfe suchte. Und sie erwartete letztlich Ähnliches von mir, was in mir anfänglich sehr gemischte Gefühle auslöste. Auf der einen Seite war mir bewusst, dass ich ein solch traumatisches Geschehen, wie wir es erlebt hatten, nicht allein unter die Füße bekommen würde.

Auf der anderen Seite bin ich mit dem Konzept aufgewachsen, dass ich meine Probleme weitestgehend selbst in den Griff bekomme, wenn ich mich aktiv den Lügen in meinem eigenen Selbstgespräch entgegenstelle und negativen, deprimierenden oder gar selbstzerstörerischen Gedanken positive, aufbauende und vertrauensvolle Gedanken entgegensetze. Daran ist ja an sich auch nichts verkehrt. Eine passive „Holt mich aus meinem Loch"-Mentalität führt dazu, dass ein Leidender sich einmauert und vergräbt. Oft erreicht ihn dann Hilfe von außen nicht mehr, weil sie letztlich nur Hilfe zur Selbsthilfe sein kann.

Und auch die fromme Variante davon: „Gott hol mich aus meinem Loch" kann in dieselbe Falle führen, denn wenn wir unser Leben nicht aktiv gestalten, dann sind wir ein Spielball von Faktoren, die wir nur bedingt beeinflussen können.

Doch zu denken: „Ich schaffe das auch allein", wenn über mir gerade die Welt zusammenbricht, ist schlichtweg eine völlige Selbstüberschätzung, geboren aus einer unzureichenden Selbstwahrnehmung und angetrieben von einem falschen Aktivismus. Eine Psychologin in unserer Gemeinde gab uns die Empfehlung, dass nicht weit von uns entfernt der Psychotherapeut Dr. Ebner seit vielen Jahren praktiziere, der ein Fachmann für Trauer- und Traumatherapie sei und nicht nur aus der Theorie behandeln würde. Er habe selber einen Sohn verloren und könne so meine Situation auch aus eigener Erfahrung nachvollziehen.

Ich glaube, dieser letzte Punkt gab den Ausschlag dazu, dass ich kurz vor Weihnachten eine erste Nachricht auf Dr. Ebners Anrufbeantworter hinterließ und ihn fragte, ob er zu einer Gesprächsreihe mit mir bereit wäre. Daraufhin musste ich mich noch eine Weile gedulden. Seit der Suche nach psychologischer Hilfe für Tim wussten wir, dass gute Therapeuten oft über Monate ausgebucht sind. Das ist im Falle von Jugendlichen oft noch verheerender als bei Erwachsenen. Ich hatte mich also auf etwas Wartezeit eingestellt. Nach ein paar Wochen vereinbarten wir einen ersten Termin Anfang Februar in seiner Praxis.

Das erste Jahr nach Saras Tod war emotional auf sehr unterschiedlichen Ebenen entsetzlich schwierig. Während unserer Zeit auf der Intensivstation in Lübeck war Anjas Großmutter gestorben. Mein Bruder und mein Schwiegervater bekamen innerhalb von wenigen Wochen besorgniserregende gesundheitliche Diagnosen gestellt, und auch die Parkinson-Erkrankung meines Vaters schritt rasanter fort, als wir uns erhofft hatten.

Die Samthandschuhe, um die ich am Tag von Saras Tod meine Familie im Umgang miteinander gebeten hatte, wurden im Alltag schneller abgelegt, als es uns gutgetan hat.

Der Schmerz des Verlustes bringt auch die Abgründe der eigenen Seele zum Vorschein, und obwohl wir diese nach außen hin etwas kaschieren konnten: im häuslichen Miteinander war das auf Dauer kaum möglich. Sosehr wir auch um gute Beziehungen und Frieden in den eigenen vier Wänden bemüht waren, es fiel doch das ein oder andere böse Wort, das wir später bereuten.

Anja hatte mich bereits an ein paar kritischen Punkten unserer langjährigen Beziehung gefragt, ob uns Gespräche mit einem Therapeuten nicht guttun würden. Was bei mir auf wenig Gegenliebe stieß. Als jetzt das Thema wieder auf den Tisch kam, wurde mir schnell deutlich, dass ich diesmal keine Wahl hatte.

Entweder, ich würde tun, was immer nötig war, um mich meinen Abgründen, unserer Unterschiedlichkeit und den Folgen unseres Verlustes zu stellen – oder ich riskierte, neben meiner Tochter auch noch meine ganze Familie zu verlieren. Denn 80 % aller Ehen, die den Verlust eines Kindes zu beklagen haben, zerbrechen daran.

Aus dem Erleben der Höhen und Tiefen unserer langjährigen Beziehung war wenige Monate vorher der Titelsong meines letzten Albums entstanden:

Weiter Weg

Es ist ein weiter Weg, verzweigt und unbequem
Zwischen meinem und deinem Herzen
Es ist ein weiter Weg und gar nicht angenehm
Von Dissonanzen zu reinen Terzen

Ich habe mir geschworen, dass unsre Liebe hält
Dass wir uns nicht verlieren in unsrer eignen Welt
Doch wenn es draußen stürmt, dann schließe ich die Tür
Und lass dich oft nicht rein zu mir

Fraglos liegt hinter uns schon ein weiter Weg
Sprachlos bewegen wir uns weiter weg voneinander
Wortlos verlieren wir uns im Lauf der Zeit
Zeitlos, so sollte unsere Liebe sein

Es ist ein weiter Weg vom ersten zarten Kuss
Bis zu Kindern und Haus mit Garten
Einst völlig schwerelos und Glück im Überfluss
Dich zu sehn, konnt' ich kaum erwarten

Jetzt haben wir viel zu tun, sind selten mehr allein
Sich zu organisieren reicht nicht zum Glücklichsein
Du bist mein bester Freund in Freude wie im Leid
Uns fehlt nur Offenherzigkeit

Fraglos liegt hinter uns schon ein weiter Weg ...

Die Zeit allein heilt keine Wunden, hat sie nicht einmal
    verbunden
Doch wir brauchen füreinander etwas Zeit
Um uns wieder neu zu finden und die Kluft zu überwinden
Die der Alltag immer wieder einmal reißt
Weil uns das zusammenschweißt

Fraglos – ich will nicht, kann nicht ohne dich
Trostlos käme mir mein Leben vor und zerrissen
Rastlos – rastlos zu sein, tut uns gar nicht gut
Zeitlos – so sollte unsere Liebe sein
Endlos sollte unsere Liebe sein

Ich habe mit Dr. Ebner über beinahe zwei Jahre in sehr regelmäßigen Abständen Gespräche geführt. Und schon die ersten Begegnungen mit ihm machten mir deutlich, dass ich es ohne diese Gespräche nicht schaffen würde. Gemeinsam schauten wir uns das Trauma des Unfalls an sich an. Wir sprachen über Schuld und aktuelle Verfahrensfragen.

Ich schüttete ihm mein Herz über die Situation zu Hause aus und empfand eine riesige Erleichterung dabei, nichts zurückhalten zu müssen. Keine Empfindungen, keine Tränen, keine Unsicherheiten. Ich musste mir keine Gedanken darüber machen, ob ich die Situation gerade im Griff hatte oder nicht.

Ob mein Vertrauen auf Gott gerade stark war oder am Existenzminimum herumkrebste. Manchmal habe ich eine Stunde fast ununterbrochen geredet und mir alles von der Seele geladen. Am Ende konnte ich wieder ein bisschen besser durchatmen und mit ein wenig mehr Hoffnung in die nächsten zwei Wochen gehen.

Dr. Ebner versuchte schon früh, sich ein Bild von unserer Familienkonstellation zu machen. Er ließ sich unser Miteinander zu viert schildern, als Sara noch bei uns gewesen war. Die absolut symbiotische Beziehung zwischen ihr und Anja, an die keine andere heranreichte. Die Wesenszüge und Verhaltensweisen meiner Tochter, von denen am Anfang dieses Buches zu lesen war und die ich so sehr vermisse. Aber auch das Empfinden, dass Tim gerade in den Wochen um unsere erste Therapiesitzung herum hauptsächlich mit mir Probleme hatte und in dieser Zeit kaum ein gutes Haar an mir ließ.

Nachdem Dr. Ebner eine ganze Weile zugehört hatte, sagte er einige Dinge, die sich mir sehr eingeprägt haben: „Es sieht so aus, als hätten Sara und Sie eine Achse in der Familie gebildet und Ihr Sohn und Ihre Frau die andere. Und obwohl die Beziehung zwischen Ihrer Tochter und Ihrer Frau eine so besondere gewesen ist, sind Sara und Sie doch die beiden, die sich charakterlich am ähnlichsten waren. Wenn in einer Familie eine der Achsen wegbricht, dann ist das wie bei einem Auto: Es ist erst einmal nicht mehr fahrtüchtig. Ein Auto mit gebrochener Achse ist erst einmal ein Wrack, und so schnell wird kein Gogomobil (Auto mit drei Rädern) daraus. Ihr Sohn spürt instinktiv, dass er sich jetzt auf die Achse verlassen muss, die noch intakt ist, und das ist die Beziehung zu seiner Mutter. Das ist für Sie ein noch schmerzhafterer Zustand als für Tim und Anja, aber Sie haben keine Wahl: Sie müssen ihn aushalten. Ich kann Ihnen jetzt noch nicht versprechen, dass Ihre Familie diesen Verlust überleben wird. Was ich sicher weiß, ist: Sie werden einen langen Atem brauchen."

Durch die Gespräche begann ich zu verstehen, dass es in fast jeder Konstellation von Trauernden einen Flüchter und einen Bewahrer gibt. Also einen, der, wenn er seiner natürlichen Regung folgt, am liebsten die Flucht nach vorne antreten und sein Leben, wie es sich gerade darstellt, hinter sich lassen will, weil nichts mehr so ist, wie es einmal war. Während der andere den völligen Zusammenbruch des vorhandenen Beziehungssystems emotional nicht so ohne Weiteres verwinden kann und daher alles daran setzt, auf den Ruinen des eigenen Leids das Beziehungshaus neu aufzubauen.

Mir wurde bewusst, dass der eine trauernde Partner seinen Beruf ausübt, um einen verlustfreien Raum zu betreten, der nicht so stark mit den Erinnerungen an den Verlust gefüllt ist wie andere, privatere Bereiche des Lebens. Dass meine Frau sich also gerade ganz bewusst „Sara-freie Räume" schaffen musste, um mit der Ohnmacht, Verzweiflung und Wut klarzukommen, die der Verlust ihrer Tochter ausgelöst hatte. Räume, die nicht mit Erinnerungen an Sara gefüllt waren, weil sie dort selten oder nie aufgetaucht ist. Dies war einer der Gründe, warum Anja ein Jahr nach unserem Unfall noch einmal berufsbegleitend ein Studium aufnahm.

Ich dagegen nahm als der Künstler, der ich bin und der sein Herz auf der Zunge trägt, den Trauerprozess mitten in meine Arbeit hinein. Kaum ein Musiker, der zum Aufnehmen mein Studio betrat, sprach mit mir während der Session nicht auch über Sara und die riesengroße Lücke, die ihr Tod in unserem Leben gerissen hatte. Ein lieber Freund und Kollege, der wegen einer beruflichen Verpflichtung nicht zum Abschiedsgottesdienst hatte kommen können, bat mich in der Mittagspause des zweiten Aufnahmetages sogar, mit ihm zum Grab zu gehen, damit er sich verabschieden konnte. Denn er hatte über die Jahre unser keckes Mädchen auch in „3D und Farbe" kennengelernt.

Ich war so dankbar, dass ich für die erste Hälfte 2015, in der ich das Touring um der Familie willen fast gänzlich eingestellt hatte, zwei große Aufträge bekommen hatte. Diese Produktionen, für die ich auch das ein oder andere Lied aus dem Erleben der vergangenen Monate beisteuerte, wurden so direkt zu einem Werkzeug der Verarbeitung meines Schmerzes.

Ich spürte, dass ich das Haus mit Musik füllen musste, wenn ich nicht wollte, dass mich die Stille beständig anschrie.

Zumal ich die gähnende Leere dort besonders intensiv erlebte, weil ich als Selbstständiger mein Studio in unserem Wohnhaus habe, das so voller Erinnerungen an Sara ist.

Das wurde im Sommer noch stärker, als feststand, dass Tim unter der Woche im Internat sein würde. Und meine Frau, die alles, was sie anfasst, mit vollem Einsatz macht, kniete sich an den Tagen, an denen sie nicht sowieso arbeiten musste, mit großem Elan in ihre Vorlesungen, sodass ich tagsüber meist allein war. **Der Preis dafür, seine Trauer mit in die Arbeit hineinzunehmen, sind Tränen. Viele Tränen. Der Lohn ist, Menschen zu berühren, wie das nur gelingt, wenn man anderen tiefe Einblicke in die eigene Seele gewährt. Und dass andere Leidende sich auf einmal nicht mehr so allein und isoliert fühlen, weil jemand anders dieselben Empfindungen in Worte fasst, die sie auch verspürt haben, oft ohne dafür selbst Worte zu finden.**

Ich lernte, dass sich jeder Trauernde Orte suchen muss, an denen er seinem Schmerz ins Auge sieht, und dass er sich Rituale schaffen muss, mit denen er seine Trauer angemessen ausdrücken kann, damit er, wenn er schließlich von diesen „Orten" weiterzieht, im Alltag auch wieder „funktionieren" kann.

Ich habe ja bereits erwähnt, dass wir für den Abschieds-Gottesdienst zwei 1x1m große Kollagen mit Bildern von Sara haben erstellen lassen. Eine dieser Kollagen ist für mich zum wichtigsten Ort der Trauer geworden.

Wir haben sie an der Wand aufgehängt, an der wir immer vorbeikommen, wenn wir die Treppe aus dem ersten Stock ins Erdgeschoss nehmen oder andersherum. An dem Tag, an dem wir das Bild dort aufhängten, habe ich mir geschworen, dass ich niemals mit abgewandtem Blick an diesem Bild vorbeilaufen

möchte, sondern Sara in die Augen schauen werde, egal, wie weh das tut.

Im Laufe der Zeit hat sich eine stumme Form der Kommunikation entwickelt. Und manchmal, wenn ich mich unbeobachtet fühle, spreche ich auch Sätze laut aus wie: „Ich liebe dich, mein Engel", oder: „Du wirst immer mein besonderes und einzigartiges Mädchen bleiben". Manchmal rufe ich mir die Situationen ins Gedächtnis, die ich mit den Bildern verbinde; immer habe ich aber das unverwechselbare Wesen meiner Tochter vor Augen. Ab und zu empfinde ich dann in erster Linie Dankbarkeit, dass dieses Mädchen mein eigen Fleisch und Blut ist und dass sie fast elf prägende Jahre zu meinem Leben gehört hat. An anderen Tagen macht sich wieder der tiefe Schmerz darüber in mir breit, dass es uns nicht vergönnt war, mehr von ihr und mit ihr zu erleben.

Das Ritual, nie mit gesenktem Kopf an diesem Bild vorbeizugehen – nicht morgens, wenn ich mir in der Küche den ersten Kaffee mache, und nicht abends, wenn ich mich in Gedanken schon auf mein Bett freue –, ermöglicht es mir aber auch, mich danach mit voller Aufmerksamkeit den anstehenden Aufgaben des Tages zuzuwenden.

Andere Orte, die ich deutlich weniger aufsuche, die mir aber auch nach den ersten Jahren fast auf Knopfdruck meine latent immer vorhandene Trauer vor Augen führen, sind Saras Zimmer und ihr Grab.

Wir haben in unserem Haus, seitdem sie weitergezogen ist, bis jetzt sehr wenig verändert. Sicher, das ist auch ein wenig dem Umstand geschuldet, dass wir genug Platz haben. Ihre Kleidung aus den Schränken auszuräumen, ihre Schulsachen in Kartons zu verstauen, ihr Spielzeug auf dem Flohmarkt zu verkaufen – all das wären in unseren Augen Hinweise darauf, dass wir schon bereit sind, unser Mädchen hinter uns zu lassen und eine Zukunft ohne sie zu planen. Das fühlt sich aber nach wie vor wie eine Utopie an. Deswegen haben wir nach dem ersten Jahr auch nur drei Freundinnen von Sara angeboten, sich ein paar ihrer Sachen als Andenken mitzunehmen. Wenn wir ihr Zimmer weiter in dieser rasanten Geschwindigkeit ausräumen, ist es bestimmt im Jahr 2100 leer ...

So sehr ich mir geschworen habe, meiner Trauer ins Gesicht zu sehen: Ich muss sehr vorsichtig damit sein, wann ich in Saras Zimmer gehe, wieviel Zeit ich dort verbringe und wann ich mir erlaube, in ihren Schulsachen zu blättern oder gar ihre Schubladen aufzumachen. Ich tue es nur ganz selten, und dann meistens in Momenten, wo es sich so anfühlt, als hätte ich wieder einen Teil meiner Erinnerungen an sie verloren und könnte sie so ein Stückchen zurückgewinnen.

Am Grab bin ich nur sehr selten. Bis jetzt hatte ich in meinem Leben nicht sehr viel Anlass dazu, Friedhöfe aufzusuchen. Die, auf denen meine Großeltern beerdigt sind, sind zu weit entfernt. Bei Sara ist das komplett anders. Ihr Grab ist nur wenige hundert Meter von unserem Haus entfernt, und meine Joggingstrecke führt unmittelbar an dem kleinen Friedhof vorbei. Aber der Schmerz, der mich überkommt, wenn ich dort stehe und ihren Namen mit den Jahreszahlen ihrer Geburt und ihres Todes lese, ist fast noch immer so unerträglich wie beim ersten Besuch.

Der Winter macht den Schmerz dort trostlos und kalt. Das Frühjahr spottet mir ins Gesicht, weil neues Leben erblüht, ich aber im Herzen immer noch Winter habe. Der Sommer fühlt sich an wie der Besuch in einer mediterranen Metropole, die den Charme vergangener Tage noch vermuten lässt, ihre besten Zeiten aber schon hinter sich hat. Und der Herbst wird unweigerlich zur Allegorie dafür, dass ich den Sommer meines Lebens, die Blütezeit, mit Saras Tod viel zu früh hinter mir gelassen habe.

Anja erlebt alle drei Orte anders. Das Bild auf der Treppe muss sie oft mit ihren Blicken meiden, in Saras Zimmer geht sie aber häufig, und am Grab war sie über viele Monate jeden Tag. So unterschiedlich wie die Ausdrucksformen unserer Trauer sind auch die Gewohnheiten, die wir uns aneignen, um ihr zu begegnen.

Ich habe Tim gegenüber von Anfang an auszudrücken versucht, dass ich ihn genauso sehr liebe und dass ich um ihn genauso intensiv getrauert hätte, wie ich das jetzt um Sara tue. Ob er wirklich spüren kann, dass das nicht nur leere Worte sind, sondern meine tiefste innere Überzeugung, vermag ich nicht zu sagen. Sollte er in seinem Leben einmal Kinder haben, was ich ihm sehr wünsche und wofür ich (neben einer Frau, die gut zu ihm passt) auch bete, dann wird er vielleicht die Intensität von Vaterliebe kennenlernen. Und verstehen, dass all meine Trauer um Sara nichts von der Liebe weggenommen hat, die ich für ihn in meinem Herzen trage.

Ich begann in meinen Gesprächen mit Dr. Ebner zu verstehen, dass wir nicht nur die Erlebnisse mit Sara betrauern, die hinter uns liegen und jetzt unweigerlich mit dem Schmerz des Verlustes verbunden sind. Wir betrauern auch die Erlebnisse, die wir in der Zukunft nicht mehr teilen werden – und eine Familienkonstellation, die bis 2014 unser Leben geprägt hat, jetzt aber nicht mehr existiert.

Das hat nicht nur mit unterschiedlichen Charaktereigenschaften zu tun. Tim, Anja und ich haben in drei ganz unterschiedlichen Konstellationen Interessen und Aktivitäten mit Sara geteilt, die jetzt alle weggefallen sind und die nur teilweise kompensiert werden können. Spiele, die man zu viert spielt, sind schmerzhafte Erinnerungen an eine andere Zeit. Auch scheint es in der Natur der Geschlechter zu liegen, dass eine Tochter im Erwachsenenalter zumindest tendenziell mehr Kontakt zu den Eltern hält als ein Sohn. Auch das wird uns vermutlich in einigen Jahren fehlen, wenn wir älter werden.

Mir wurde bewusst, dass es bei trauernden Paaren meist einen Partner gibt, der nach innen trauert, und einen, der seine Trauer „hinaus in die Welt schreien muss". Wobei derjenige, der zur Mitteilsamkeit neigt, oft die Andersartigkeit des Partners besser stehen lassen kann als der Introvertierte, der das Mitteilungsbedürfnis des anderen oft als eine Verletzung der eigenen Intimsphäre erlebt.

Ich musste mich darin üben, auf die Bedürfnisse meiner Frau so weit wie möglich Rücksicht zu nehmen, auch wenn das natürlich nicht immer gelang. Wie schon damals im Krankenhaus, als wir um jede Formulierung unserer E-Mails an die Außenwelt gerungen haben, erfordert es erhebliche gemeinsame Anstrengungen, um Kompromisse und einen Weg zueinander zu finden.

Auf der einen Seite kann es nicht guttun, um des Fortbestehens der Beziehung willen die eigene Form der Trauerverarbeitung zu verleugnen. Auf der anderen Seite kann man sich jedoch darin üben, seine eigenen Bedürfnisse zu dosieren.

Ich versuchte mir anzugewöhnen, für eine Sache, die ich im Beisein meiner Frau mit unseren Freunden teilte, zwei oder drei Sätze nicht zu äußern. Und ihr so den Raum zu geben, sich selbst ein wenig mehr zu öffnen, als sie das vielleicht von ihrem Naturell her getan hätte. Weil ihr das Reden ebenfalls gut tat.

In all dem Ringen um das Miteinander trotz unserer Unterschiedlichkeit wurde mir erneut bewusst, dass ich mir ein Leben ohne meine Frau nicht mehr vorstellen kann. Und so schrieb ich ihr im März diese Liebeserklärung:

Ich muss nicht erst die Augen schließen
Bevor ich sagen kann, dass ich dich liebe
Zu viel steht mir vor Augen, was einzigartig an dir ist
Was für mich so besonders ist
Was zu meinem Leben gehört wie die Luft zum Atmen
Ich muss mir dich nicht schönreden, du bist schön für mich
Daran ändern auch die wunden Punkte nichts
Die grauen Haare und die Sorgenfalten
Die blinden Flecken und unsere gebrochenen Herzen

Ich muss mir nicht einreden
Ich wäre mit dir glücklich gewesen
Denn es ist Glück, schon so viel mit dir zu teilen
Und geteilt zu haben, auch wenn dies Glück so zerbrechlich
    ist
Weil ich mich immer selbst mitnehme, meine Schwächen und
    Grenzen
Das, was unzureichend und verletzt und viel zu oft selbst
    verletzend ist

Aber wenn es nur für den Glück gäbe, dem all das nicht im
   Wege steht
Wäre Glück wohl nur eine Illusion und keine Reise

Wenn es die größten Tiefen braucht
Um zu erahnen, was wir einander sein könnten
Und nicht sind, vielleicht noch nie gewesen sind
Dann sagen sie mir auch
Dass ich es dir – und mit dir – so gerne wäre
Und wenn ich wüsste, wie, schon heute

Und wenn ich erst etwas so Teures verlieren muss
Um klarer zu sehen, was mir lieb und teuer ist
Dann seh ich es heute ohne Anspruch
Auf Perfektion und Makellosigkeit
Dann will ich es halten und umschließen
Und sagen, dass es mir lieb und teuer ist
Dass du mir lieb und teuer bist

Und wenn ich mir nicht so oft selbst im Wege stände
Dann wüsste ich besser, wie Liebe geht und freigibt
Und müsste nicht darauf hoffen, dass ich es noch
Erlernen kann mit den Jahren, die mir bleiben
Dann würde ich nicht denen wehtun
Die ich am meisten liebe und brauche
Und ich schäme mich nicht zu sagen, dass ich dich brauche
Weil du ein Teil von mir geworden bist und bleiben wirst
Was immer auch geschieht

Wenn ich schon früher so klar gesehen hätte
Was ich heute sehen muss und kann:
Ich wär so vieles anders angegangen
Und die Zeiger nicht zurückdrehen zu können
Schmerzt in Teilen mehr, als ich in Worte fassen kann

Aber ich hätte nicht dich eingetauscht
Das Leben mit dir und unseren beiden Kindern
Sondern Teile von mir, wie ich oft war und was ich euch nicht
    war
Und was ich meinem Mädchen nie mehr sein kann
Und trotzdem habe ich sie geliebt, so wie ich konnte
Es ihr fast jeden Tag gesagt und von Herzen so gemeint
Und nur wer so liebt, der kann so leiden

Auch wenn diese Liebe fern von vollkommen war
Ist sie doch mit nichts zu vergleichen:
Die schönste Arbeit und die schillerndste Anerkennung
Kann ihr nicht das Wasser reichen
Sie kam aus tiefstem Herzen und wird es immer tun
Und wenn ich aus Trotz versuchen würde
Wegzuwischen, was ich an dir und mit dir habe
Dann würden mich mein Herz und mein Leben
Doch eines Besseren belehren

Und darum will ich dir meine Liebe sagen
So viel, wie ich gerade lieben kann, nicht mehr
Und möchte lernen, deine Liebessprache zu sprechen
Und auf dem Weg ein verlässlicheres Gegenüber zu werden
Und ein liebevolleres, ein geduldigeres

Weil du mir das wert bist
Weil Worte meine Sprache sind, schreib ich dir
Aber noch nie habe ich an dich
Worte unter so vielen Tränen geschrieben
Weil es mein Herz ist, das spricht

Es wurde uns beiden sehr schnell deutlich, dass Vergebung in unserer Beziehung ein Schlüsselfaktor sein würde, wenn wir einer gemeinsamen Zukunft entgegengehen wollten.
Vergebung in einer Ehe hat sehr viele Facetten. Manchmal betrifft sie Dinge, die der andere bewusst gesagt oder getan hat, um mich zu verletzen oder mir zu schaden. Um sich für etwas zu revanchieren oder mich aus verletzten Gefühlen oder empfundener Ungerechtigkeit heraus in meine Schranken zu weisen. Auch Worte können wie giftige Pfeile ein, die sich in das Herz bohren und Vergebung brauchen, damit sie nicht zu schwärenden Wunden werden. Dazu habe ich im Frühjahr 2014 dieses Lied geschrieben:

Der Sturm ist jetzt vorbei (Es tut mir leid)

Der Sturm ist jetzt vorbei
Hat so viel in uns aufgewühlt.
Am Ende mit sich fortgespült.
Die Luft ist wieder frei
Der Sturm ist jetzt vorbei

Der Sturm ist jetzt vorbei
Und während wir ins Freie gehn
Die Spuren der Verwüstung sehn

Verstummt die Streiterei
Der Sturm ist jetzt vorbei

Es tut mir leid
Es tut mir von Herzen leid
All das, was ich im Zorn gesagt hab
Wofür ich dich angeklagt hab

Es tut mir leid
Es tut mir von Herzen leid
Ich war verbohrt und unnachsichtig
Du bist mir von Herzen wichtig
Es tut mir leid

Der Sturm ist jetzt vorbei
So manches hat sich angestaut
Enttäuschung blieb oft unverdaut
Entlud sich mit Geschrei
Der Sturm ist jetzt vorbei

Der Sturm ist jetzt vorbei
Er wütete am Herzensgrund
Noch immer ist die Seele wund
Von der Rechthaberei
Doch der Sturm ist jetzt vorbei

Halt mich fest
Bitte halt mich einfach fest
Und ich mach es wieder gut
Wenn du mich lässt

Halt mich fest
Ich gehöre doch zu dir
Und du bist ein Teil von mir
Darum halt mich einfach fest
Halt mich fest

Eine weitere Facette der Vergebung betrifft die Dinge, die ich unabsichtlich tue, die den anderen aber trotzdem verletzen. Weil er sie als gedankenlos, unbedacht und sorglos empfindet, als respektlos, intolerant oder schlicht lieblos. Und dann gibt es Dinge, bei denen der andere schlicht und einfach zum falschen Zeitpunkt am falschen Platz ist, wo eines zum anderen kommt und das Unheil seinen Lauf nimmt.

Und natürlich gilt diese Notwendigkeit, Vergebung zu erbitten und zu gewähren, damit wir nicht mit zentnerschweren Lasten durchs Leben laufen müssen, nicht nur für Paare, sondern für jede Beziehung. Ich habe daher meine Bitte um Vergebung auch in einem Brief an meine Schwiegereltern zum Ausdruck gebracht, die mir erlaubt haben, Auszüge daraus zu zitieren:

„Es tut mir so unsagbar leid, welchen Schmerz der Morgen des Unfalls und seine Folgen in euer Leben gebracht haben. Denn wir vermissen sie nicht allein! Euch wurde eure heiß geliebte Enkeltochter genommen, und wenn ich daran denke, was du, Helga, alles mit und für Sara gemacht hast, zerreißt es mir das Herz. Ich weiß nicht, wie man für ein so folgenschweres Fehlverhalten um Vergebung bitten kann – es gibt ja nichts, was das Geschehene wiedergutmachen kann. Ich kann nur das wiederholen, was ich schon am ersten Tag nach unserem Unfall gesagt habe. Wenn ich hätte tauschen können, wenn nicht die wenigen

Millisekunden Unterschied gewesen wären: Ich hätte es bei allem,
was ich in den Tagen zwischen Himmel und Erde in Lübeck auf
der Intensivstation erlebt habe, bereitwillig getan. Ich hatte viele
Jahre mehr und ich weiß, wohin ich gehen werde, wenn dieses
Leben auch für mich einmal zu Ende sein wird.
Aber ich habe diese Entscheidung nicht zu treffen gehabt und
muss nun Zeit meines Lebens – wie ihr auch – damit leben, dass
diese Lücke bestehen bleibt. Und unsere ganze Familie noch eine
geraume Zeit wie ein angeschlagener Boxer in den Seilen hängen
wird. (...) Es tut mir unendlich leid, dass ihr das ebenfalls erleiden
müsst. Das wollte ich euch wenigstens einmal ganz ausdrücklich
gesagt haben. Verzeiht mir, wenn das möglich ist."

Ich habe mit Dr. Ebner und meinen engsten Freunden natürlich
auch wiederholte Male über die Schuldfrage gesprochen und dabei festgestellt, dass der Grat zwischen Verleugnung und Selbstkasteiung, Verharmlosung und Verdammnis sehr schmal und
wie ein Ritt auf der sprichwörtlichen Rasierklinge ist.

Meine Schwiegermutter hat mich irgendwann zur Seite genommen und gesagt: „Arne, dein Brief hat uns sehr berührt,
und ich wollte dir nur sagen: Wir haben dir nichts zu verzeihen."

Ich kann nicht ausdrücken, wie unendlich befreiend sich
diese Worte für mich angefühlt haben. Auf der anderen Seite
stand das Schreiben der Staatsanwältin, die mit diesen Worten
dafür plädierte, das Verfahren gegen mich einzustellen:

„Nach den durchgeführten umfangreichen Ermittlungen dürfte
feststehen, dass der Beschuldigte Kopfermann sich der fahrläs-
sigen Tötung hinreichend verdächtig gemacht hat. Er ist aus
ungeklärten Gründen unmittelbar vor dem vorfahrtberechtigten

Fahrzeug des Beschuldigten (...) auf die Hauptstraße eingebogen.
Möglicherweise blendete ihn dabei die tief stehende Sonne (...) Im
vorliegenden Fall wäre die Verhängung einer Strafe aber meines
Erachtens offensichtlich verfehlt, da die Folgen der Tat ihn schwer
getroffen haben. Bei dem Unfall ist seine eigene Tochter ums
Leben gekommen ..."

Die absolut vernichtende Wirkung dieser Worte geht mir heute
noch nach, auch wenn am Ende aufgrund von § 60 des StGB
dem Antrag auf Straffreiheit stattgegeben wurde.

Dr. Ebner versuchte mir in unseren Gesprächen zu erklären,
dass ich dringend unterscheiden müsse zwischen einem juris-
tischen Schuldbegriff, der Sachverhalte gegeneinander abwägt
und dann zur Beurteilung einer Situation kommt, und einem
moralischen Schuldbegriff, der Vorsatz oder Unverantwort-
lichkeit beinhaltet. Als Allererstes sagte er mir, dass wir alle im
Laufe unseres Lebens schon viele Male in Situationen gekommen seien, in denen eine Unachtsamkeit oder eine falsche Bewegung oder Entscheidung hätten böse ausgehen können. Dass
ein Unfall leider eben genau das sei, was er ist: ein Unfall.

Rational betrachtet ist mir klar, dass es moralisch etwas anderes ist, ob ich betrunken, SMS schreibend oder mit überhöh-
ter Geschwindigkeit einen Unfall verursache oder einfach einen
Moment nicht richtig aufgepasst habe. Aber das macht für die
Notwendigkeit von Vergebung keinen großen Unterschied. Zumindest, wenn die Folgen so gravierend sind. Auch nicht für die
vielleicht schwerste Aufgabe: sich selbst zu vergeben.

Autofahren wird für mich wahrscheinlich nie mehr so sein,
wie es früher einmal war. Auch wenn ich mich knapp 14 Tage
nach dem Unfall wieder hinters Steuer gesetzt habe, um dem

Trauma aktiv zu begegnen. In den ersten zwölf Monaten habe ich buchstäblich bei jedem Linksabbiege-Vorgang an den Unfall gedacht, immer verbunden mit der Frage, warum ich die Kollision nicht habe verhindern können.

An einem Abend im zweiten Jahr sind wir mit Freunden in einem baugleichen Auto wie dem Unfallfahrzeug zu einer Geburtstagsfeier gefahren. Ich saß genau auf Saras Platz, hinter dem Fahrersitz. Die ganze Fahrt über kreisten meine Gedanken um sie, um die Position der Airbags und um die Frage, warum sie wohl ausgerechnet zwischen beide geraten war. Warum ich mein Leben lang in vielen Dingen so sorglos gewesen war.

Bei der Schuldfrage kommen so viele Faktoren zusammen. Da ist das Bewusstsein des eigenen Fehlers. Die Verzweiflung darüber, dass die Situation unwiederbringlich ist. Der Versuch, andere Gründe zu finden, die in das unheilvolle Geschehen mit hineingespielt haben, um etwas von der eigenen Last wegzunehmen. Tatsächlich gab es auch in unserem Fall ein paar Ungereimtheiten. Wie vermutlich bei jedem Unfall. Aber am Ende aller „Hätte-könnte-müsste"-Ansätze und aller Gedankenspiele, warum wir ausgerechnet auf diese Straße abgebogen sind, wo uns die, auf der wir waren, doch auch zum Ziel geführt hätte, bin ich innerlich doch zu der desillusionierenden Erkenntnis gelangt, dass es sich auch nicht besser anfühlt, wenn ich nur eine Teilschuld an diesem Unfall trage.

Wenn mir das Bewusstsein der eigenen Schuld in den Gliedern hängt, brauche ich Orte, an denen ich Vergebung finden kann, oder ich werde irgendwann an der Last zerbrechen. Ein solcher Ort waren die Worte von Saras geliebter Oma Helga. Andere fand ich in den Worten meiner Freunde und meines

Therapeuten, die mir immer wieder ins Gedächtnis riefen, dass ein Unfall ein Unfall ist, der jedem von uns jederzeit passieren könne, aber nun leider mich mit gnadenloser Härte getroffen habe.

Ein anderer heilsamer Ort ist das Kreuz. Wenn Jesus Christus für die Schuld der ganzen Menschheit gestorben ist, dann schließt sein Opfer auch mich ein. Wenn er den Soldaten, die ihn ja im vollen Bewusstsein ihres Tuns ans Kreuz nagelten, noch im Sterben mit den Worten „Vergib ihnen, denn sie wissen nicht, was sie tun" verzeihen konnte, dann muss das auch für mich gelten, der ohne Vorsatz handelte.

Nach einem meiner ersten Konzerte nach dem Unfall bekam ich von einem Konzertbesucher am Ende des Abends ein kleines Holzkreuz in die Hand gedrückt. Es ist an den Kanten abgerundet und man kann es ganz wunderbar mit einer Hand umschließen. In der Folgezeit habe ich dieses Kreuz sehr gern bei mir getragen, und wenn ich spürte, dass gerade wieder der Schmerz oder das Bewusstsein meiner Schuld in mir hochkroch, schlüpfte meine Hand in die Tasche und umfasste das Kreuz als Symbol dafür, dass Christus sich bis zum Äußersten mit meiner Not solidarisiert und meine Schuld getragen hat. Dass er zu Lebzeiten hier auf Erden mit Leid und Schmerz vertraut war und ich mir seines Zuspruchs und Trostes sicher sein kann, wenn ich mich an ihn wende, ganz unabhängig von meinen momentanen Gefühlen.

Vor vielen Jahren habe ich das Lied „Wer ohne Schuld ist" geschrieben, das die Geschichte aus Johannes 8,3-11 erzählt. Die Pharisäer bringen eine Ehebrecherin vor Jesus und fragen, wie Jesus sie bestrafen würde. Die Verse sind aus der Perspektive dieser Frau geschrieben, und der Chorus gibt Jesu Antwort wieder:

Wer ohne Schuld ist
Der werfe den ersten Stein
Hände schreiben Gnade in den Sand
Wer ohne Schuld ist
Der werfe den ersten Stein
Sein Urteil steht schon an der Wand

Mein Gewissen ist vernebelt
Ich bleib nicht unversehrt
Ich seh die Splitter in anderen Augen
Doch was mir die Sicht verwehrt
Ist ein Balken, ungesehen
Barmherzigkeit schweigt
Wie kann ich mich übergehen?
Schenk mir Aufrichtigkeit

Wer ohne Schuld ist ...

Mein altes Ich drückt auf die Seele
Reiß es raus, oh, reiß es raus
Ein Abgrund, tief wie der Grand Canyon
Tut sich auf in meinem Haus
Du bist meine Hängebrücke
Die in die Freiheit führt
Auf dich halt ich große Stücke
Denn ich hab deine Gnade gespürt
Gespürt, gespürt, gespürt

Wenn es jemals in meinem Leben einen Zeitpunkt gegeben hat,
wo ich deutlich gespürt habe, dass ich auf diese „Hängebrücke

der Gnade Gottes, die in die Freiheit führt" angewiesen bin, dann ist es wohl jetzt, in der Zeit nach Saras Tod.

Eine Botschaft des Kreuzes ist, dass kein Mensch fehlerlos genug ist, um vor Gott bestehen zu können. Nur eine Teilschuld zu tragen ist auch keine Entschuldigung. Die Gnade Gottes besteht aber darin, dass er keine Unterschiede macht zwischen denen, denen viel vergeben wurde, und denen, die weniger Vergebung brauchten. Jesus sagt in Lukas 7, dass die, denen viel vergeben wurde, viel lieben. Weil sie wissen, dass es ohne dieses Opfer nicht gegangen wäre.

Ich habe das in meinem Lied „Dieses Kreuz" so ausgedrückt:

Dieses Kreuz war ganz unvermeidbar
Dieses Kreuz war vorherbestimmt
Dieses Kreuz stand am Wendepunkt der Zeit
Dieses Kreuz war unsagbar grausam
Dieses Kreuz war ein dunkler Ort
Dieses Kreuz stand für Folter, Qual und Tod

Du gingst für mich ans Kreuz
Du gingst für mich ans Kreuz

Du gabst alles für mich
Nahmst die Schande auf dich
Meine Krankheit und Schuld
Starbst zerrissen von Not
Und verlassen von Gott
An diesem Kreuz

Dieses Kreuz war kein Missverständnis
Dieses Kreuz, es wog sündenschwer
Dieses Kreuz brach des Vaters Herz
Dieses Kreuz war nicht für die anderen
Dieses Kreuz hat mit mir zu tun
Dieses Kreuz war für meine Schuld bestimmt

Du gingst für mich ans Kreuz
Du gingst für mich ans Kreuz

Du gabst alles für mich ...

Wann immer mich die Last meines eigenen Fehlverhaltens im Moment des Unfalls drückt, muss und kann ich ihr nur entgegenhalten, dass mir in einem tieferen Sinne vergeben ist. Ich muss diese Last symbolisch am Kreuz ablegen, denn es gibt keinen Ort dieser Erde, wo sie besser aufgehoben wäre.

Aber diese Vergebung im tiefsten Sinne des Wortes führt nicht wie selbstverständlich dazu, dass die eigene Schuld nun nicht mehr in das weitere Leben hineinstrahlt. Die körperlichen und seelischen Narben, die wir im Laufe unseres Lebens davontragen, sind Zeichen der inneren Kämpfe, die sich durch unsere gesamte Existenz hindurchziehen. **Wir hören nicht auf, Fehler zu machen, nur weil uns jemand Vergebung für die Schuld zuspricht, die wir auf uns geladen haben. Auch deswegen freue ich mich so sehr auf diesen ewigen Ort, wo es keinen Schmerz, kein Leid und keine Tränen mehr geben wird.**

Aus dem Versprechen, dass Gott mich niemals ablehnt oder aufgibt, selbst wenn ich mich manchmal selbst aufgeben möchte, ziehe ich viel Kraft. Seine Liebe, wie sie in 1. Korinther 13 so poetisch beschrieben wird, ist wie ein Kompass, der es mir ermöglicht, mein eigenes Verhalten neu zu justieren und meinen Selbstwert an seinem Bild von mir auszurichten.

So ist deine Liebe

Deine Liebe ist geduldig
Sie schaut nie auf uns herab
Sie verletzt nie die Gefühle
Und sie trägt die Schuld nicht nach
Sie freut sich nie am Unrecht
Weil ihr an der Wahrheit liegt
Und sie lässt uns niemals fallen
Weil die Sehnsucht nach uns siegt

So ist deine Liebe, eine Liebe
Die sich ganz verschenkt
So bist du, Jesus, du

Du bist Liebe, reine Liebe
Du hast uns zuerst geliebt
Du bist Liebe, reine Liebe
Eine Liebe, die selbst den Tod besiegt

Deine Liebe wird nie enden
Auch wenn alles sonst vergeht
Und sie kennt auch keine Grenzen
Wenn sie unsre Lasten trägt
Sie verbindet unsre Wunden
Und macht unsre Seele heil

In ihrer makellosen Güte
Teilt sie unsere Menschlichkeit

Du bist Liebe ...

Auch wenn die göttliche Vergebung wie ein Blankoscheck ist, der von Jesus für alle vergangene, gegenwärtige und zukünftige Schuld ausgestellt worden ist: er überreicht ihn der Ehebrecherin in Johannes 8,11 und auch uns trotzdem mit den Worten: *„Ich verurteile dich nicht. Geh und sündige von jetzt an nicht mehr!"* (Einheitsübersetzung).

Womit der Kreislauf wieder anfängt. Der Geist ist willig, aber das Fleisch ist schwach. **Oft ermüdet uns der Kampf gegen eingefahrene schlechte Gewohnheiten und unheilvolle Verhaltensmuster, die Folge und Bestandteil unserer Biografie sind. Und die die Menschen, die wir am meisten lieben, auch am stärksten zu spüren bekommen, weil die Toleranzschwelle dort am niedrigsten ist.**

Weil im täglichen Miteinander das Konfliktpotenzial am größten ist. Weil ich in den Begrenzungen meines Partners, meiner Familie und meiner Kollegen auch meine Begrenzungen gespiegelt bekomme und das unangenehm ist. Und weil ich manchmal schlicht und einfach nicht mehr kämpfen will.

Jesus beantwortet die Frage von Petrus, wie oft ein Mensch vergeben soll, mit der Aussage, wir sollen „sieben mal siebzigmal" vergeben (ein bildhafter Ausdruck für „unendlich oft"), und erzählt dann das Gleichnis von dem unbarmherzigen Schuldner, dem selbst eine große Schuld vergeben wurde, der sich aber eine weitaus kleinere Schuld auf Heller und Pfennig zurückzahlen ließ. Die Moral von der Geschichte ist, dass wir vergeben sollen, weil uns unendlich mehr vergeben worden ist.

Aber diese Vergebung können wir nicht selber einfordern, wir können sie nur erbitten! **Eine Ehe ist vermutlich deswegen der beste Ort, um Vergebung einzuüben, weil wir sie dort am meisten brauchen. Wenn wir wirklich zu unserem Versprechen stehen wollen, zusammenzubleiben, „bis dass der Tod uns scheidet", dann ist Wiedergutmachung oft nicht möglich, Rache wirkungslos, weil sie nur die Fronten verhärtet, und Ablehnung und Hass schaden uns selbst am meisten, weil wir damit auch etwas abzulehnen und zu hassen beginnen, was ein Teil von uns geworden ist.**

Meine Frau, die eine sehr gewissenhafte Autofahrerin ist, hat mir im Laufe der Jahre immer wieder vorgehalten, ich würde im Straßenverkehr zu offensiv agieren, zu wenig Abstand halten und die Regeln beugen, wenn ich mir davon einen Vorteil verspräche. Und sie hat auch oft ausgedrückt, dass sie sich dadurch nicht sicher bei mir fühle. Sie hatte sicher in den meisten Punkten recht, auch wenn ich mich damit herauszureden versuchte, dass ich ja berufsbedingt Vielfahrer sei und es auf deutschen Autobahnen schon ganz schön viele Idioten gäbe. Dass ich nicht rücksichtslos fahren würde, sondern allenfalls sportlich oder gelegentlich rasant. Gern zitierte ich auch das wunderbar karikaturistische Lied „Mittelstreifenschleicher" von Klaus-André Eickhoff und forderte das viel ignorierte Rechtsfahrgebot ein, das den rechtschaffenen Bürger ja förmlich dazu zwingt, nach einem Plan B im Straßenverkehr zu suchen. All das der Logik folgend, dass ich sicher ein noch zivilisierterer Artgenosse im Straßenverkehr wäre, wenn es mir andere Fahrer mit ihrem Verhalten nicht so schwer machen würden.

Dann kam der Unfall. Ich hatte niemanden rechts überholt. Ich war nicht dicht aufgefahren. Ich war nicht schneller unterwegs gewesen, als ich durfte, im Gegenteil, der DEKRA-Gutachter schätzte meine Geschwindigkeit beim Abbiegevorgang auf etwa 15 km/h. Aber es hatte keinen Unterschied gemacht: Meine Tochter hatte meine Unachtsamkeit mit ihrem Leben bezahlt. Und eine der Achillessehnen unserer Ehe war erst einmal gerissen.

Ich bin auf die Vergebung meiner Frau angewiesen. Aber ich kann sie nicht einfordern. Ich kann sie mir nicht einmal verdienen, indem ich Besserung gelobe und auch leiste. Ich kann sie nur erbitten. Mir ist auch bewusst, dass sie nicht nur ein Mal ausgesprochen werden muss, und dann hat sich das Thema erledigt. Dazu geht die Verletzung des eigenen Verlustes zu tief.

Früher haben wir in der Sonntagsschule gelernt, dass die Haltung „Vergeben ja, vergessen nie" unheilvoll sei, weil sie dem Prinzip echter Vergebung widerspräche. Aber „Vergeben und vergessen" ist bei existenziellen Krisen oft nicht realistisch. Den leidvollen Erinnerungen meines Lebens immer wieder mit der Haltung der Vergebung zu begegnen ist eine der schwierigsten Übungen der Liebe.

Ich habe in diesem Buch nicht nur wenig über Tim geschrieben, sondern auch nicht allzu viel über meine Frau. Denn es ist meine Aufgabe, ihre Privatsphäre zu schützen. An dieser Stelle möchte ich aber doch sagen, dass Anja mir meinen Anteil an dem Unfall nicht vorhält und dass mein Sohn das ebenfalls nicht tut. Ich bin oft zutiefst beeindruckt davon, mit wie viel Stärke Anja unser schweres Los trägt. Und wie viel Raum sie mir trotz ihrer Andersartigkeit lässt, meinen Empfindungen Ausdruck zu verleihen und damit auch an die Öffentlichkeit zu gehen.

Wenige Wochen nach unserem Unfall habe ich auf der Rückseite einer Ausgabe der Zeitschrift „Aufatmen" ein Zitat gelesen, das mich sehr berührt hat. **Ein Paar, das gerade diamantene Hochzeit gefeiert hat, also 60 Jahre miteinander verheiratet** war, wurde gefragt, wie sie es so lange miteinander ausgehalten haben. Ihre Antwort war so entwaffnend wie einfach: „Glücklicherweise wurden wir in eine Zeit hineingeboren, in der man kaputte Dinge nicht wegwarf, sondern reparierte."

Mark Hall von *Casting Crowns* singt in seinem Lied „Broken together" im Chorus: „*Vielleicht war es für dich und mich nie vorgesehen, eine vollkommene Beziehung zu haben. Können wir dann nicht wenigstens gemeinsam gebrochen sein? Wenn du deine zerschlagenen Träume bringen kannst und ich die meinen, könnte dann nicht doch Heilung ausgesprochen werden und uns retten? Der einzige Weg, wie wir für immer zusammenbleiben können, ist, gemeinsam gebrochen zu sein.*"

Für dich und mich

Steinig ist der Weg, den wir hier gehn
Und wir können auf ihm nur bestehn
Wenn wir teilen, was uns widerfährt
Wenn wir zeigen, was uns schmerzt und tief berührt

Ewig ist die Hoffnung, die uns trägt
Die uns Flügel schenkt und uns bewegt
Festzuhalten an dem großen Ziel
Und zu glauben: Uns erwartet noch so viel

Für dich und mich öffnet sich
Ein neues Land, noch unbekannt
Für dich und mich scheint ein Licht
Das die Nacht durchbricht
Und uns Glück, das bleibt, verspricht

Dunkel ist der Weg durch dieses Tal
Doch uns bleibt in allem Schmerz die Wahl
Stehn wir, wenn wir fallen, wieder auf
Schaun nach vorne und vollenden unsren Lauf

Denn das Leben läutert uns wie Gold
Lehrt uns Dankbarkeit und auch Geduld
Lädt uns trotz unserer Grenzen ein
Zu vertrauen und im Kleinen treu zu sein

**Für dich und mich öffnet sich
ein neues Land...**

Ich häng an dir – jetzt und hier
In Freud und Leid, in schwerer Zeit
Du bedeutest mir so viel mehr
Als ich jemals sagen kann
Und ich glaube fest daran

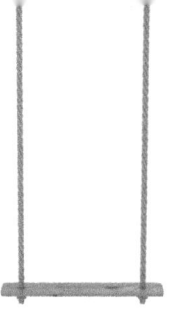

KAPITEL 10

EINEN EHRLICHEN UMGANG MIT DER TRAUER ZULASSEN

Viele Menschen entscheiden sich dafür, ihre Trauer zu vergraben. Sie zu verleugnen. Sie versuchen, die Verluste in ihrem Leben zu verwinden, ohne sich ihren Gefühlen zu stellen. Aber das ist auf Dauer ungesund. Denn es gibt kein Leben ohne Veränderung, keine Veränderung ohne Verlusterfahrungen und keinen Verlust ohne Schmerz. Es ist jedoch uns selbst überlassen, ob wir den Schmerz zulassen oder nicht. **Trauer ist die gesündeste Reaktion auf Verlust, die es gibt. Es ist die schmerzvollste Emotion, die wir erleben können, aber auch eine der wichtigsten, weil sie es uns ermöglicht, durch schwere Lebensphasen hindurchzugehen, ohne in Rückwärtsgewandtheit stecken zu bleiben.** Oder in einer Vorstellung vom Leben, die der Realität nicht standhält. Trauer ist keine Schwäche; es bedarf vielmehr großer Stärke, sie zuzulassen und sich ihr zu stellen.

Für Christen ist Jesus Christus das größte Vorbild, und die Bibel stellt ihn uns als einen Mann vor, der mit Trauer vertraut war und zu dessen vorrangigsten Charaktereigenschaften Mitleid und herzliches Erbarmen gehören. Er leidet und identifiziert sich mit uns. Und hat versprochen, mit uns durch die tiefsten Täler unseres Lebens zu gehen.

Wenn wir uns unserer eigenen Trauer nicht über kurz oder lang stellen; wenn wir sie ignorieren und für nicht existent erklären, sie meiden und herunterschlucken, dann sucht sich unser Körper nicht selten andere Ventile: angefangen von körperlichen Symptomen wie Verspannungen in Hals und Rücken bis hin zu seelischen Regungen wie Gefühlskälte, Härte, Zynismus, Bitterkeit und allen möglichen Formen und Spielarten von aggressivem Verhalten bis hin zur Gewalttätigkeit. Auch anhaltende Depressionen oder massive körperliche Auswirkungen wie Panikattacken, Schlaf- und Essstörungen und erhöhte Anfälligkeit für Infektionserkrankungen können Folgen unverarbeiteter Trauer sein. Niemand kann von uns allerdings einfordern, dass wir uns zu einem bestimmten Zeitpunkt auf diesen Prozess einlassen. Und das zu tun wäre auch ganz falsch. Zu unterschiedlich sind unsere Verarbeitungsmuster und zutiefst eigenen Bedürfnisse, einen ganz individuellen Umgang mit unserem Verlust zu finden.

Die Empfindung der Trauer erfasst über kurz oder lang alle Sinnesorgane: Das, was wir hören, sehen, riechen, schmecken, fühlen, verbindet sich mit Erinnerungen, schönen wie wehmütigen. Über viele Monate war es mir nicht möglich, mit dem Auto durch unseren Wohnort zu fahren, ohne jedes Mal in Tränen auszubrechen, wenn ich an Saras Schule vorbeikam. Vor allem der Anblick eines leeren Pausenhofes oder einer verwaisten Kinderschaukel sind in dieser Zeit für mich zu Symbolbildern meiner Trauer geworden.

Dietrich Bonhoeffer hat aus der Haft im Gefängnis Berlin-Tegel am Heiligabend 1943 diese viel zitierten Worte in einen

Brief geschrieben: „*Es gibt nichts, was uns die Abwesenheit eines lieben Menschen ersetzen kann, und man soll das auch gar nicht versuchen; man muss es einfach aushalten und durchhalten; das klingt zunächst sehr hart, aber es ist doch zugleich ein großer Trost; denn indem die Lücke wirklich unausgefüllt bleibt, bleibt man durch sie miteinander verbunden. Es ist verkehrt, wenn man sagt, Gott füllt die Lücke aus; er füllt sie gar nicht aus, sondern er hält sie vielmehr gerade unausgefüllt und hilft uns dadurch, unsere echte Gemeinschaft miteinander – wenn auch unter Schmerzen – zu bewahren. Ferner: Je schöner und voller die Erinnerungen, desto schwerer die Trennung. Aber die Dankbarkeit verwandelt die Qual der Erinnerung in eine stille Freude. Man trägt das vergangene Schöne nicht mehr wie einen Stachel, sondern wie ein kostbares Geschenk in sich. Man muss sich hüten, in Erinnerungen zu wühlen, sich ihnen auszuliefern, wie man auch ein kostbares Geschenk nicht immerfort betrachtet, sondern nur zu besonderen Stunden und es sonst nur wie einen besonderen Schatz, dessen man sich gewiss ist, besitzt; dann geht eine dauernde Freude und Kraft von dem Vergangenen aus.*"[7]

Wenn man wie Bonhoeffer in einer aussichtslosen Situation wie der Inhaftierung ohne Hoffnung auf Begnadigung ist oder wie der Autor des nächsten Textes in Kriegsgefangenschaft ohne die Aussicht auf Rückkehr in die Heimat, dann ist es besonders bemerkenswert, wenn Christen ihren Glauben nicht verlieren, sondern die Kraft finden, an ihrer ewigen Hoffnung festzuhalten. Den Text „Erscheinen meines Gottes Wege" hat Herbert Sack (1902–1943) kurz vor seinem Tod in Stalingrad gedichtet.

---

7 Aus einem Brief an Renate und Eberhard Bethge, Gefängnis Berlin-Tegel an Heiligabend 1943

Er ist seitdem auf unterschiedliche Art und Weise vertont worden. Ich bin erst auf ihn aufmerksam geworden, als ihn ein Bekannter einem Kondolenzbrief beigelegt hat, und der Text hat mich so berührt, dass ich noch einen eigenen Chorus geschrieben habe, die Verse aber in der Originalform von ihm übernommen habe:

Schönheit aus der Asche

Erscheinen meines Gottes Wege
Mir seltsam rätselhaft und schwer
Und gehen Wünsche, die ich hege
Still unter in der Sorgen Meer
Will trüb und schwer der Tag verrinnen
Der mir nur Schmerz und Qual gebracht
So darf ich mich auf eins besinnen:
Dass Gott nie einen Fehler macht

Aus dem Schutt wächst eine Blume
Die ihre Wurzeln im Himmel hat
Sie öffnet sich dem Licht der Sonne
Und trinkt sich dann an ihren Strahlen satt
So wächst Schönheit
Schönheit aus der Asche

Wenn über ungelösten Fragen
Mein Herz verzweiflungsvoll erbebt
An Gottes Liebe will verzagen
Weil sich der Unverstand erhebt
Dann darf ich all mein müdes Sehnen

In Gottes Rechte legen sacht
Und leise sprechen unter Tränen:
Dass Gott nie einen Fehler macht

Aus dem Schutt wächst eine Blume ...

Drum still, mein Herz, und lass vergehen
Was irdisch und vergänglich heißt
Im Lichte droben wirst du sehen
Dass gut die Wege, die er weist
Und müsstest du dein Liebstes missen
Ja, ging's durch kalte, finstre Nacht
Halt fest an diesem sel'gen Wissen:
Dass Gott nie einen Fehler macht!

Der Chorus dieses Liedes ist entstanden, nachdem ich Anfang 2016 begonnen habe, gemeinsam mit Martin Dreyer Konzertlesungen mit dem Titel „Beauty From Ashes – In den Ruinen des eigenen Lebens die Schönheit der Gnade entdecken" durchzuführen.

Martin und ich haben uns in unseren Teenagerjahren in der Jugend der St. Petrikirche in Hamburg kennengelernt. Das waren sehr prägende Jahre für uns beide. Drei Jahrzehnte sind seitdem vergangen, und der Text unseres Veranstaltungsflyers fasst in Kürze zusammen, warum wir trotz sehr unterschiedlicher Biografien wieder zusammengefunden haben:

Ein Musiker. Ein Autor. Zwei Biographien. Zwei Männer mit ihrer ganz eigenen Geschichte. Der eine erfolgreicher Komponist, Texter, Produzent und tourender Künstler. Der andere

187

charismatischer Prediger, Vordenker und Begründer einer Gemeindebewegung. Zwei Männer mit schillernden Persönlichkeiten. Bis jeder von ihnen sein eigenes Waterloo erlebt. Der eine findet sich auf dem Gipfel seines Erfolges nach einer Überdosis Drogen im Krankenhaus wieder. Ohne Erinnerung an die letzten 48 Stunden. Und ohne Aussicht auf eine Zukunft. Der andere freut sich mit seiner Familie auf einen sonnigen Ferientag, als sein Auto mit einem anderen Fahrzeug kollidiert und seine Tochter von einem Moment zum anderen aus dem Leben gerissen wird.

Als sie auf brutale Art und Weise an ihre Grenzen stoßen, müssen sie schmerzhaft lernen, ihr Leben neu auszurichten und zu meistern. Und in den Ruinen des eigenen Lebens die Schönheit der Gnade zu entdecken. Weil sie an einen Gott der zweiten Chancen glauben.

Der Text des Refrains meines Liedes und der Titel unserer Veranstaltung nehmen auf eine alttestamentliche Bibelstelle Bezug, sind aber auch eine Reminiszenz an die CD „Beauty will rise", die der christliche Musiker Steven Curtis Chapman veröffentlicht hat, nachdem seine kleine Adoptivtochter 2008 bei einem tragischen Unfall ums Leben gekommen ist. Steven Curtis Chapman ist für mich als Songschreiber seit vielen Jahren ein großes Vorbild, und seine Geschichte hat mich sehr mitgenommen. Dass wir einige Jahre später ein ähnliches Los teilen würden, hätte ich mir in meinen kühnsten Albträumen nicht ausgemalt. Aber das Leben – und Gott – lassen sich oft nicht in die Karten schauen.

Viele Christen, die in ihrem Leben noch nie existenzielle Verluste erlitten haben, sind der Auffassung, dass es kein anhaltendes Empfinden von Schmerz geben sollte, wenn man im

Glauben verwurzelt ist. Da Gott nach ihrem Verständnis von Philipper 4,19 jeden Mangel ausfüllt, erkennt man den reifen Christen daran, dass er schnell über solche niederschmetternden Empfindungen hinwegkommt und es sich einfach an „Gottes Gnade genügen lässt".

Was zuerst überzeugend und rechtgläubig daherkommt, entpuppt sich auf den zweiten Blick als eine doppelte Bestrafung für einen Trauernden. Nicht genug, dass er mühsam lernen muss, sich mit der Lücke in seinem Leben einzurichten und sie als einen unabänderlichen Teil seines Lebens zu akzeptieren. Nein, sein gemeindliches Umfeld macht ihm auch noch unterschwellig oder ganz offen ein schlechtes Gewissen, weil ihn sein Verlust so mitnimmt.

Die Trauer passt nicht ins positive Glaubens-System und wird zuweilen sogar als unreif sanktioniert. Im Gegensatz dazu werden dann gerne Menschen als Vorbilder dargestellt, die im größten Leid selten klagen und eine positive Ausstrahlung bewahrt haben. Wen wundert es da, wenn Menschen in einem solchen Umfeld ihre Trauer vergraben und nicht an sich heranlassen.

Wenn man mit Verlusten verantwortungsvoll umgehen und eine realistische Bewältigungsstrategie finden will, muss man zuallererst einmal verstehen, dass die unterschiedlichen Formen nicht über einen Kamm geschoren werden dürfen: Der Verlust eines Lebenstraums, eines Jobs, einer Beziehung oder eines geliebten Menschen in hohem Alter durch einen „natürlichen" Tod und der Verlust eines Menschen in jungem Alter durch Krankheit, einen gewaltsamen Tod oder Unfall unterscheiden sich in vieler Hinsicht voneinander. Jeder dieser Verluste wiegt schwer.

Jeder dieser Verluste markiert einen gewaltigen Einschnitt im Leben eines Menschen. Aber manchmal folgt ein Verlust dem natürlichen Lauf der Dinge, ist in gewisser Hinsicht vorhersehbar und manchmal sogar nur temporär. In solchen Fällen geht es uns eine Weile schlecht, aber nach einigen Wochen oder Monaten des Ausnahmezustandes finden wir wieder zu einem „normalen" Leben zurück. Denn unsere Existenz befindet sich immer im Wandel, und Veränderung bedeutet nun einmal, dass wir etwas hinter uns lassen müssen, um Raum für Neues zu schaffen.

In unserem Fall ist das nicht so. Diese Form von Verlust ist unwiederbringlich. **Vielleicht kann man einen „normalen" Verlust, wie er im Leben von Zeit zu Zeit vorkommt, mit einem gebrochenen Knochen vergleichen. Der setzt einen zwar eine Zeitlang außer Gefecht, aber irgendwann wächst er wieder zusammen, wenn er fachgerecht geschient und geschont wird. Dagegen ist ein Verlust wie der unsere nur mit einer Amputation zu vergleichen. Dieser Knochen wächst nie wieder zusammen, und man geht fortan gezeichnet und mit einer Behinderung durchs Leben.**

Darauf bezieht sich Bonhoeffer, wenn er sagt, die Lücke bleibt immer bestehen. Dahinter steht aber nicht die Überzeugung, dass Gott keine Heilung des Herzens schenken könnte. Es ist vielmehr eine realistische Einschätzung, dass er offensichtlich nicht vorgesehen hat, das Leid aus der Welt zu entfernen oder es denen, die ihn ernstnehmen, zu ersparen, wie uns manche Glaubensrichtungen weismachen wollen.

Wer einen solchen Verlust erleidet, fühlt sich zuerst einmal von der Außenwelt isoliert. Er hat das Empfinden, damit ziemlich allein dazustehen, selbst wenn Statistiken eine andere Sprache sprechen. Am Anfang beherrscht der Schmerz alle Bereiche des Lebens. Es ist fast unmöglich, ihn auch nur wenige Minuten auszublenden.

Ich bin buchstäblich fast das gesamte erste Jahr morgens mit dem alles einnehmenden Gedanken aufgewacht: *„Sara ist tot, Sara ist nicht mehr bei uns."*

An unserem Haus entlang verläuft ein Gehweg für viele Kinder aus unserem Wohngebiet, die morgens zu Kindergarten, Grundschule oder Bushaltestelle laufen. Da ich kein ausgesprochener Frühaufsteher bin, wache ich oft erst von ihren Stimmen auf, die ich durch das offene Fenster höre. Und mich durchzuckt auch jetzt noch, mehr als zwei Jahre danach, fast jedes Mal der Gedanke, dass Sara und ihre Freundinnen genauso unüberhörbar waren, wenn sie dort entlang liefen.

Manchmal läutet im Ort auch die Kirchenglocke schon recht früh, und dann wache ich mit dem Gedanken auf, dass dieselbe Glocke, die zu Hochzeiten und Schulgottesdiensten ertönte, auch geläutet hat, als wir von unserem Mädchen Abschied nehmen mussten. Dass diese Glocke zum Leben und zum Sterben ruft... und zu all den Anlässen dazwischen.

Eine Folge des allumfassenden Gefühls von Verlust kann sein, dass Gott für eine Weile völlig abwesend erscheint, vielleicht vergleichbar mit fehlendem Sonnenlicht in einem dunklen Kellerverlies. Wir wissen, dass die Sonne irgendwo da draußen sein muss, aber wir können sie nicht wahrnehmen.

Eine weitere Begleiterscheinung ist oft das starke Empfinden, dass man keine Zukunft mehr hat, weil das Leben, das man vorher gelebt hat, unwiederbringlich verloren ist. Das Leid, das

wir erleben, kann auch das Bewusstsein für unsere Unzuläng-
lichkeit, unsere Fehlhaltungen und Versäumnisse, unsere cha-
rakterlichen Schwächen und eingefahrenen Verhaltensweisen
schärfen. Viele fühlen sich phasenweise wie Verurteilte, die vielleicht ja doch ihre gerechte Strafe für all das Genannte bekommen. Nicht selten mischt sich in diesen Gefühlscocktail auch
noch Wut. Wut auf mich selbst, auf die Ungerechtigkeit des Lebens oder auf Gott, der das alles zugelassen hat und mir nicht
beigesprungen ist, als ich am dringendsten auf ihn angewiesen
war.

**Wir können die mittleren und großen Verluste in unserem
Leben nicht einfach überwinden und hinter uns lassen. Wir
müssen sie durchleben und durchleiden, wenn der Zeitpunkt
gekommen ist, an dem wir dazu bereit sind. Denn sie begleiten
uns unser restliches Leben.**

Nicht immer mit derselben emotionalen Intensität, auch
nicht mit derselben Präsenz. Am Anfang nimmt der Schmerz
fast unsere gesamte Wahrnehmung ein; mit der Zeit klammert
er sich stärker an Jahrestage und wiederkehrende Ereignisse,
an Rituale, Bilder und Erinnerungen, Lebensräume und Le-
bensträume, die wir mit dem Verlust verbinden.

Jerry Sittser, der in einem durch einen betrunkenen Fahrer verur-
sachten Autounfall innerhalb weniger Sekunden seine Tochter,
seine Frau und seine Mutter verlor, während er und zwei seiner
Kinder vollkommen traumatisiert überlebten, verwendet in sei-
nem Buch „A Grace Disguised – How The Soul Grows Through
Loss" ein sehr interessantes Bild. Er sagt, dass der schnellste
Weg für den Leidenden, der aus seiner persönlichen Nacht zur
Sonne und in das Licht des Tages zurückfinden möchte, nicht in

Richtung Westen zu finden sei, wo er der untergehenden Sonne hinterherjagt, sondern auf der Wegstrecke durch die Schwärze der Nacht nach Osten, wo man irgendwann auf den Sonnenaufgang stoßen wird. Ohne Bild gesprochen: **Wenn die Dunkelheit unvermeidbar und unumstößlich ist, tut man gut daran zuzulassen, dass die eigene Persönlichkeit durch den Schmerz verändert wird, anstatt krampfhaft zu versuchen, den Schmerz durch Betäubung und Ablenkung so gut wie möglich zu vermeiden.**[8]

In der Bibel wird immer wieder von Zeiten der Trauer gesprochen, sogar von verordneter Staatstrauer wie etwa die 30 Tage nach dem Tod von Mose. Sie gehörten zum Leben dazu wie die großen Feste. Bereits im Altertum war es Sitte, Trauer durch besondere Kleidung und deren Farbe zu signalisieren. Im mitteleuropäischen und nordamerikanischen Kulturkreis wird spätestens seit dem 19. Jahrhundert darauf geachtet, dass die Farbe der Bekleidung schwarz oder zumindest sehr dunkel ist, weil schwarz in der westlichen Welt unter anderem den Tod symbolisiert. In anderen Ländern und zu anderen Zeiten kamen und kommen auch andere Trauerfarben vor, etwa früher in Europa neben Schwarz auch Weiß. Weiß gilt unter anderem in Asien beziehungsweise in buddhistisch geprägten Ländern bis heute als Trauerfarbe. Im alten Ägypten war Gelb das Zeichen der Trauer.

Im ländlichen Europa wurde bis in die jüngste Zeit (und manchmal noch heute) Trauerbekleidung für ganz bestimmte, konventionell festgesetzte Zeiträume getragen, je nach Verwandtschaftsgrad. Beim Tod des Ehepartners wurde eine einjährige

---

8 Sittser, Jerry: A Grace Disguised: How The Soul Grows Through Loss. Expanded Edition. Zondervan, Grand Rapids, Michigan, S. 42

Trauerzeit als angemessen betrachtet, besonders für Witwen. In Südeuropa, etwa in Süditalien oder Griechenland, tragen Verwitwete traditionellerweise bis zum Lebensende schwarz. Auch die britische Königin Viktoria trug nach dem Tod ihres Ehemannes bis zu ihrem Lebensende auf eigenen Wunsch 40 Jahre lang nur noch schwarze Kleidung, um der Außenwelt ihre tiefe Trauer zu signalisieren.

Kopfbedeckung, Schleier und Handschuhe sind traditionelle Bestandteile europäischer Trauerbekleidung für Frauen. Bei Volkstrachten unterscheidet man sogar verschiedene Stufen der Trauerkleidung. Die „Volltrauerkleidung" (komplett schwarz, bis sechs Wochen nach dem Versterben), die „Halbtrauerkleidung" (schwarz mit weißen Accessoires, bis zum ersten Jahrestag des Versterbens), und die „Abtrauerkleidung" (ebenfalls schwarz mit weißen Accessoires, ab dem ersten Jahrestag des Versterbens).[9]

Ich finde es sehr bezeichnend, dass über viele Jahrhunderte bindende Kleidungsrituale existierten, um Trauer anzuzeigen. Indem sich ein Trauernder schon rein optisch von seinem Umfeld abhob, wurde ihm auch der innere Prozess des Abschiednehmens zugestanden; er stand durch die äußere Kennzeichnung sozusagen „unter Artenschutz".

Natürlich würden moderne Psychologen einwenden, dass man Trauer nicht verordnen und ihr auch keinen festen Zeitraum zuweisen kann. Dass es für introvertiertere Typen sehr wichtig sei, äußerlich eben nicht aufzufallen und die Dinge weitgehend mit sich selbst auszumachen, bis sie zu öffnenden Gesprächen bereit sind.

---

9 zitiert aus: https://de.wikipedia.org/wiki/Trauerkleidung

Das mag alles stimmen, aber die Schattenseite davon ist, dass wir eher den „Quick Fix", die schnelle Lösung unserer Probleme suchen und möglicherweise nicht wahrhaben wollen, dass die Trauer ein elementarer Bestandteil des Heilungsprozesses ist. Für manchen wäre es vielleicht gut, wie bei der Vorstellung bei einem Treffen der Anonymen Alkoholiker zu sagen: „Mein Name ist..., ich bin ein Trauernder." Auch der Alkoholiker wird von seiner Krankheit nicht komplett bestimmt, es gibt noch viele andere Dinge, die seine Persönlichkeit ausmachen und sein Leben beschreiben. Aber die Bekämpfung seines Alkoholismus nimmt einen so großen Raum ein, dass es als Hilfe angesehen wird, sich öffentlich zu diesem Zustand zu bekennen.

Oft verinnerlichen wir falsche „Glaubenssätze" der Schmerzbewältigung schon von Kindesbeinen an: dass wir nicht weinen dürfen, wenn wir uns wehgetan haben, weil es ja „nicht so schlimm" ist. Dabei ist doch das Weinen nicht schlimmer als der Schmerz; nein, der Schmerz ist viel schlimmer! Wenn ein Elternteil seinem Kind ständig sagt, es soll nicht weinen, wenn es hingefallen ist oder sich den Kopf gestoßen hat, kommt beim Kind an: *„Meiner Mama und meinem Papa ist es wichtiger, dass ich keinen Krach mache, als es ihnen ist, mich in den Arm zu nehmen und mich zu trösten. Weinen und traurig sein als Reaktion auf Schmerz ist unerwünscht."*

Auch wenn es überhaupt nicht meinem Reaktionsmuster entspricht, wundert es mich nicht sonderlich, dass so viele Männer mit Aggression auf Trauer und Verlust reagieren. Denn gerade Jungs werden ja immer noch oft von Anfang an angehalten, nicht zu weinen, weil das ein Zeichen von Schwäche sei, das man zwar Mädchen zugesteht, nicht aber dem „starken"

Geschlecht. Diese Jungs werden älter, lernen zuerst unter Gleichaltrigen, Krieg zu spielen, folgen dann der unerbittlichen Hackordnung des Gruppendruckes in der Schule und dann dem Ellenbogenprinzip im Berufsleben. Und wenn es dumm läuft, sind sie die Ersten, die wirklich in den Krieg ziehen. Wer kann Männern also verdenken, dass sie mit der Vorgeschichte reflexartig mit Trotz und Wut auf das Unabänderliche reagieren, das über ihr Leben hereinbricht …

Was wir oft von klein auf nicht gelernt haben, ist, Verluste zu beklagen. Damit meine ich nicht die negative Grundhaltung, die mit nichts zufrieden ist und sich über alles und jeden auslässt. Ich meine auch nicht die Einstellung, dass früher alles besser war. Das Klagen, von dem die Bibel redet, sieht vor, dass wir Gott unseren Schmerz bringen und unsere Verletzung, unsere Wut und unsere Vorwürfe im Gebet vor ihm ausbreiten. Trauer ist eine Entscheidung, die wir treffen, aber auch die einzig gesunde Reaktion auf einen Verlust.

Jesus sagt nach der Einheitsübersetzung in Matthäus 5,4: „Selig sind die Trauernden, denn sie werden getröstet werden." Luther übersetzt: „Selig sind die, die Leid tragen, denn sie sollen getröstet werden". **Diejenigen sollen also getröstet werden, die den Mut haben zu klagen. Wenn man seine Trauer in sich vergräbt, mit anderen Dingen überdeckt und so tut, als sei sie nicht da, kann man diesen Trost nicht erleben. Wenn man eine Wunde hat, kann man sie auch nicht einfach bluten lassen oder lediglich verbinden. Man muss sie zuerst auswaschen und desinfizieren, damit sie sich nicht entzündet. Diese Funktion nimmt die Trauer bei unseren seelischen Wunden ein.**

Menschen, die ihre Trauer nicht an sich heranlassen, handeln oft aus Angst so. Sie fürchten, sich ihrer Niedergeschlagenheit nicht mehr erwehren zu können, wenn erst einmal alle Dämme gebrochen sind. Sie sorgen sich, dass sie ihrer Gefühle nicht mehr Herr werden. Das ist ein nachvollziehbarer Gedanke. Ich habe am Anfang des Buches geschrieben, Trauer könne eine solche Geißel sein, dass man sich ihr nur dosiert zuwenden kann. Auch, dass jeder Mensch anders trauert. Dass die Zyklen der Trauer nicht gleich verlaufen, auch nicht bei Familienangehörigen, die sich sehr nahe stehen.

Aber man kann den Schmerz nicht überleben, wenn man ihn nicht zu irgendeinem Zeitpunkt als Teil des eigenen Lebens wahr- und annimmt und zu fühlen bereit ist. Natürlich können wir auch versuchen, vor unserem Schmerz wegzulaufen oder ihn im Alkohol oder anderen Süchten zu ertränken.

Ich gebe zu, dass mein Alkoholkonsum in den ersten zwei Jahren nach Saras Tod angestiegen ist, auch wenn ich mich nie im eigentlichen Sinne betrunken habe. Dennoch finde ich es höchst nachvollziehbar, wenn Menschen in akuten Lebenskrisen mehr trinken als vorher. Ich war mir aber immer bewusst, dass ich mit diesem Verhalten niemals an die Wurzel des Problems heranreiche, sondern allenfalls eine momentane Linderung des Schmerzes erziele und vielleicht ein wenig leichter durch die Abende komme, wenn die Geschäftigkeit des Tages abfällt und das Herz und die Seele anklopfen und ihr Recht verlangen.

Mir ist klar, dass es zwischen dem von mir gemeinten „verantwortlichen Umgang mit Alkohol" und zerstörerischen Suchtstrukturen nur einen schmalen Grat gibt. Und ich achte Leute, die sich selbst aufgrund ihrer Vorgeschichte eine „Null-Alkohol-Lösung" verordnet haben und diese auch anderen empfehlen.

Ich würde aber nicht die ganze Wahrheit erzählen, wenn ich ein ganzes Buch über mein Erleben der Trauer schreibe und verschweige, dass dosierter Alkoholkonsum zu diesem Prozess dazugehörte.

Irgendwann müssen wir ein Ja dazu finden, dass unsere Verlusterfahrungen mit allen begleitenden – kurzfristigen und mittelfristigen – Symptomen jetzt unwiederbringlich zu unserer Biografie dazugehören. Und die Kraft, die wir aufbringen müssen, um diese Wahl bewusst zu treffen, verleiht uns später auch die Fähigkeit, über unseren Schmerz hinauszuwachsen, anstatt nur das Leben von Opfern zu leben.

Wir landen auf Dauer in einer Sackgasse, wenn wir den Schmerz der Brüche in unserer Biografie verleugnen und aus unserem Leben ausschließen wollen. Auf der anderen Seite können wir aber auch darauf vertrauen, dass wir den Folgen unserer persönlichen Verluste nicht bis zum Ende unserer Tage auf Gedeih und Verderb ausgeliefert sind.

Uns bleibt die Möglichkeit, auch in unserem durch Mark und Bein gehenden Schmerz liebevoll zu anderen Menschen zu sein – und so zu erleben, wie gut es tut, anderen etwas Gutes zu tun. Wir können uns mit Freunden verabreden, bei denen die Seele durchatmen kann, und uns mit Menschen umgeben, die viel Humor haben, wenn wir besonders traurig sind. Wir können Sport machen, bis wir vor lauter Anstrengung die Traurigkeit für eine Weile aus den Gliedern bekommen. Wir können uns den Wind um die Nase wehen lassen, uns an den Schauspielen der Natur erfreuen und selbst dem wildesten Herbststurm trotzen, indem wir uns in warme Klamotten werfen und die „innere Gefängnistür" unserer Wohnung öffnen. Und wir können es uns zur Gewohnheit machen, Gott in unsere inneren Zwiegespräche mit aufzunehmen.

Es ist möglich, dass wir trotz des Schmerzes in unserer Persönlichkeit nicht schrumpfen, sondern daran wachsen. Denn auch in der Dunkelheit ist Licht zu finden und selbst im Tod noch Leben. Wir müssen dafür aber zuerst lernen, gleichzeitig in der Nacht und im Licht zu leben. Wir müssen lernen, zu trauern und trotzdem unser Leben aktiv fortzusetzen. Auch wenn es sich so anfühlt, als wäre unsere Uhr stehen geblieben: das Gras wächst weiter im Garten und muss gemäht werden, die monatlichen Rechnungen müssen überwiesen werden, Häuser putzen sich nicht von allein, wenn man sie bewohnt, unsere Kinder brauchen unsere Aufmerksamkeit, und in unseren Jobs wird weiter die Grundlage für unseren Lebensunterhalt gelegt. Wir können den Schmerz also nicht ausdrücken, wann immer uns danach ist.

Ich erinnere mich noch genau an den Moment, als wir uns nach dem letzten Konzert im Dezember 2014 auf den Rückweg machten und ich im Auto zu Lars sagte: „So, die Arbeit ist getan. Ich fahre jetzt nach Hause, um zu trauern." Und als alles ausgeladen war, habe ich das auch getan. Ich habe mich für eine Stunde ganz allein in mein Studio gesetzt und geheult, bis keine Tränen mehr kamen – und das hat richtig gutgetan!

Die Psychiaterin Elisabeth Kübler-Ross ist eine der Begründerinnen der modernen Sterbeforschung. Sie befasste sich eingehend mit dem Umgang mit Sterbenden, Trauerarbeit und Nahtoderfahrungen und entwickelte daraus als eine der Ersten unter anderem ein Modell mit fünf Stufen, die ein Sterbender durchläuft, nachdem ihm der tödliche Ausgang seines Zustands bewusst geworden ist. Recht schnell wurde ihr deutlich, dass man ganz ähnliche Stufen auch bei trauernden Angehörigen beobachten kann. Unterschiedliche Psychologen haben diese Untersuchungen von Frau Kübler-Ross ergänzt und weitergeführt. Im Wesentlichen ist aber auch bei ihnen von ähnlichen Phasen die Rede:

Am Anfang steht der Schock, der mit Verleugnung, also einem Nicht-Wahrhaben-Wollen einhergeht. Und mit dem Empfinden, von der Außenwelt komplett isoliert zu sein. Nichts anderes ist mehr wichtig, was eben im alltäglichen Geschehen noch eine große Rolle gespielt hätte. Je nachdem, wie die Begleitumstände sind, kann und wird dieser Schock auch mit starkem seelischem und körperlichem Schmerz zusammenfallen. Und nicht selten auch mit einem ausgeprägten Schuldgefühl.

Eine weitere Phase kann je nach Persönlichkeit sehr stark von Wut und Aggression geprägt sein. Auch von Anklagen gegenüber Gott, anderen Menschen oder sich selbst, während der Trauernde oft gleichzeitig mit Gott zu verhandeln versucht. In meinem Fall klang das etwa so: *„Jesus, wenn du ein Wunder tust und Sara heilst, dann werde ich bewusster leben, meine Prioritäten anders setzen und der Familie mehr Raum geben. Außerdem wird es dann Menschen in unserem Umfeld, die mit Kirche wenig am Hut haben, leichter fallen, an dich zu glauben …"*

Mit dem Bewusstwerden des unabwendbaren Verlustes stellt sich fast immer irgendwann eine heftige Depression ein: tiefe Traurigkeit und die niederschmetternde Erkenntnis, auf wie vielen Ebenen das Geschehene mein Leben verändern wird. Gleichzeitig auch starke Reue über meine eigenen Versäumnisse, die jetzt unumkehrbar sind. Oft geht dieser Prozess mit einem tiefen Gefühl der Einsamkeit einher, obwohl ich rein äußerlich von

vielen Freunden, Nachbarn, Gemeindemitgliedern oder mitfüh-
lenden Arbeitskollegen umgeben sein kann.

Nicht jedem ist es gleich von Anfang an möglich, seiner
Trauer und dem damit verbundenen Schmerz wirklich Raum
zu geben. Wer aber beides beharrlich verdrängt, wird den natürlichen Heilungsprozess verlangsamen. Denn die meisten Menschen, die den Schmerz hinter sich lassen wollen, ohne ihn vorher durchlebt zu haben, verfallen über kurz oder lang in ein
gestörtes emotionales Verhalten – ein so intensives Gefühl wie
die Trauer ist nicht auf Dauer unter dem Deckel zu halten und
zu bändigen.

Die nächste Phase der Trauer ist die der Akzeptanz. Ich erkenne an, dass ich an dem Geschehenen nichts mehr ändern
kann. Aber gleichzeitig mir selbst und meinen Lieben gegenüber verpflichtet bin, zurück ins Leben zu finden, die Herausforderung von persönlicher Veränderung anzunehmen und darin
neuen Sinn zu finden. Das Leben neu auszurichten und mich
meinem eigenen Fehlverhalten zu stellen, das mir angesichts
des Verlustes ganz deutlich geworden ist.

Rick Warren nennt als weitere Phase noch „Ministry"
(Dienst): also die Brüche in der eigenen Biografie als Möglichkeit zu entdecken, anderen Menschen beizustehen, die ebenfalls
durch schwere Lebensumstände und große Verluste gehen müssen.

Glennon Doyle Melton findet in ihrem Buch „Love Warrior" ein
sehr hilfreiches Bild für den Verlauf von Trauer: eine Wendeltreppe.

*„Man hat dir gesagt, dass die Zeit alle Wunden heilt. Dass du nach
und nach Fortschritte machen wirst. Und manchmal schaffst du es*

auch tagelang, ohne zusammenzubrechen. Doch dann ist er wieder da. Der Schmerz ist wieder so groß wie am Anfang. Und du fragst dich, ob du jemals weiterkommen wirst. Du wünschtest, du könntest ändern, was passiert ist. Doch das können wir nicht. Vielleicht können wir aber unsere Idee von Fortschritt verändern. Vielleicht ist Fortschritt nicht linear. Vielleicht bewegen wir uns nicht in einer geraden Linie von schlecht zu gut, von Trauer zu Freude, von Versagen zu Erfolg. Vielleicht ist es eher so, wie eine Wendeltreppe hochzusteigen.

Die Wendeltreppe des Fortschritts bedeutet, dass der Schmerz gleichzeitig hinter mir und vor mir liegt ... Ich werde nie ‚darüber hinwegkommen‘ ... Jeder Tag ist ein neuer Anfang. Das kann ermüdend sein – aber hier kommt das Wunder der Wendeltreppe: Bei jeder Windung wirst du ein bisschen weiser und stärker, wenn du deinem Schmerz begegnest und ihn wieder und wieder überlebst. Und auch wenn dein Schmerz sich nicht verändert – du selbst veränderst dich.“[10]

Wer einen existenziellen Verlust zu verwinden hat, merkt recht schnell, dass es in der Verarbeitung keinen linearen Verlauf gibt. Man durchläuft nicht eine der genannten Phasen und hat sie dann unter den Füßen, sondern begegnet Schock, Verleugnung, Isolation, Wut, Schmerz und Schuldgefühlen, Einsamkeit, Reue, Akzeptanz, Wiederherstellung und der Möglichkeit, anderen Menschen anders als früher beistehen zu können, in immer wiederkehrenden Zyklen. Aber mit jedem Stockwerk, das man auf dem Weg der Trauer schon erklommen hat, wächst auch das Bewusstsein, sich verändert zu haben und schon ein bisschen besser für die weiteren Schritte gerüstet zu sein als noch vor Kurzem.

---

10 Glennon Doyle Melton: Love Warrior, Flatiron Books, 2016, übersetzt von Karoline Kuhn

Und: Das Wiederkehren dieser Zyklen hat gleichzeitig auch etwas Tröstliches, denn sie machen uns deutlich, dass wirklich eine Lücke gerissen worden ist, die bleibt. Eine Lücke, die schmerzen *muss*, weil das ein zutiefst empathisches, menschliches Empfinden ist. Bis aus Sicht des christlichen Glaubens der Tag kommt, an dem jede Träne abgewischt wird und alles irdische Leid ein Ende hat.

Ein Ausdruck von grundehrlicher Anbetung in Zeiten persönlicher Trauer, die in allem Ringen ihr Urvertrauen nicht aufgibt, ist dieses Gedicht von Elisabeta Karlstetter aus ihrem Buch „Ins Leben zurück – mein Begleiter in schweren Zeiten", das mir ihr Mann Georg kurz nach Saras Tod zugesendet hat. Ihre feinsinnigen, behutsamen Worte haben Anja und mich damals berührt, und sie tun es noch immer:

Meine Lebensquelle, Gott

Meine Lebensquelle
Ich lege meine Distanz in deine Nähe
Meine Kälte in deine Wärme
Meine Schatten in dein gleißendes Licht
Meine Zerrissenheit in deine Ganzheit
Meinen bleiernen Schmerz in deinen Trost

Ewiger Gott
Ich lege meinen zerbrechenden Traum
In deine endlosen Möglichkeiten
Meine Müdigkeit in deine grenzenlose Kraftquelle
Meinen inneren Schrei in dein verstehendes Schweigen
Meine Angst in deine Unerschrockenheit

Ich lege meine Sehnsüchte in dein Meer des Friedens
Und bitte um Geduld, mein einziger, alles verstehender Gott

Ich lege meine Rätsel in deine Lösungen
Meinen Stillstand in deine Bewegung
Ich lege meine abgebrochenen Flügel
In deine heilenden Hände
Ich lege meine abgezählten Erdentage
In deine weise Vorsehung
Obwohl ich manche nicht verstehen kann

Gott, mein bester Freund
Ich lege alle meine Schwächen
In deine unerschütterliche Unverzagtheit
In deine Bejahung
Meine Sprachlosigkeit über vieles
Lege ich in deine heilversprechenden Liebesworte

Ich lege meine Wüste
In deine immergrüne Oase
Du wartest dort, um mich zu tränken
Ich lege meine Wunden unter deine Wunden
Dort werden sie bedeutungslos klein

Ich lege meine Tränen in dein gütiges Lächeln
Ich lege meinen Weg
Neu vor deine vorausgehenden Füße
Mit vielen Fragezeichen, wohin du mich führst
Ich lege meine Enge in deine unendliche Weite

Allmächtiger Gott
Ich lege meine grenzenlose Ohnmacht in deine Allmacht
Die mich erleuchtet in tiefster Nacht
Und schützend über dem Abgrund führt
Zu immer neuen Wundern

Während meiner letzten Konzerte 2014 hatte ich den inneren Impuls, einige liebe Songwriter-Kollegen und Freunde wie Lothar Kosse, Dania König, Jörn Schlüter, Juri & Mia Friesen, aber auch die genialen Texter Andreas Malessa und Christina Brudereck zu bitten, für das Projekt „Warum ich glaube" Songs zu schreiben, die auch in schweren Zeiten Mut machen, an Gott festzuhalten. Alle sind meinem Wunsch nachgekommen, und das Arbeiten an der Produktion wurde im nächsten Frühjahr zu einem wichtigen Puzzlestück in meiner eigenen Verarbeitung. Gerade den Song, den ich zusammen mit Christina geschrieben habe, habe ich seitdem bei vielen Gelegenheiten live gespielt, und er bedeutet mir sehr viel, weil er so ehrlich und trotzdem vertrauensvoll ist:

Ich berge mich

Ich berge mich
Weil ich mit Gott am besten träumen kann
Und weil ich mich nach meinem Ursprung frage
Vertrauen möchte, dass er weiß

Ich berge mich
Wenn wohl auch erst am Ende aller Tage
Weil ich wohl ohne diese Kraft nicht

205

So kämpfen könnte für Gerechtigkeit
Die Zeit den Glanz verliert ohne Ewigkeit

Weil meine Sehnsucht nicht zu zähmen ist
Weil man mir Hoffnung nicht dressiert
Weil ich nicht ohne das Geheimnis leben will
Die Anderswelt mich fasziniert

Weil in dem Dickicht meiner Gedanken
So manche scheue Ahnung wohnt
Die mir noch zeigt, was heilig ist
Die mir noch zeigt, was heilig ist
Ich berge mich

Ich berge mich
Weil ich viel weiß und mir doch Weisheit fehlt
Weil ich oft Angst hab und nach Frieden suche
Weil diese Welt mich sehr bedrängt

Ich berge mich
Weil ich leicht bitter, kalt und zynisch werde
Weil ich zuweilen schrecklich müde bin
Und mich das Heimweh fast zerreißt
Weil selbst mein wundes Herz
Schon vom Himmel weiß

Weil in der Welten Mitte Liebe wohnt
Ein Garten, unberührt und grün
Weil meine Seele ahnt, was Freiheit ist
Erst zaghaft und dann mutig, kühn

Weil in das Wirrwarr meines Lebens
Dein großes „Ja" gesprochen ist
Das mir beständig Mut auf mehr macht
Und das mir zeigt, was heilig ist
Ich berge mich

KAPITEL 11

BARMHERZIG WERDEN

Zum Empfangen und Geben ist der Mensch geschaffen, zu Wirksamkeit und Freude, zum Tun und zum Leiden.

Johann Gottfried von Herder, deutscher Kulturphilosoph

Ich bin in einem Elternhaus aufgewachsen, in dem der christliche Glaube eine extrem große Rolle spielte und alles bestimmte, was wir taten und dachten. Eine solche Prägung hat viele gute und auch manche weniger guten Seiten, und sie beeinflusst auch die Art, wie wir mit Trauer und Verlust umgehen – und das nicht immer auf eine gesunde Weise.

Die Leser, die mit einer solchen Prägung bis jetzt noch nicht enger in Berührung gekommen sind, können diesen Abschnitt getrost überspringen, wenn er ihnen zu detailliert ist oder sie nicht persönlich betrifft.

Es gibt Glaubensrichtungen, die die Ansicht vertreten, wir könnten schon hier auf Erden völlige Befreiung von Krankheit und Schmerz, Einsamkeit und persönlicher Not erreichen. Sie legen sich und anderen damit ein unerreichbares und auch

208

unbiblisches Ideal auf, an dem sie selbst scheitern und zerbrechen müssen, wenn sie in eine existenzielle Lebenskrise geraten. Wenn man in der Mathematik nur eine einzige Ausnahme für ein als Gesetz angenommenes Konstrukt nachweisen kann, gilt das Gesetz als widerlegt. Ich wünschte manchmal, diese Logik würde in theologischen Diskussionen auch gelten. Denn da kursieren zuweilen die weltfremdesten Konzepte und werden als absolut gültige Wahrheit überhöht. Wenn irgendwann die Fülle der Ausnahmen von der angenommenen Regel nicht mehr von der Hand zu weisen ist, werden die abenteuerlichsten Erklärungsansätze bemüht; oft ohne einen Gedanken daran zu verschwenden, welche zum Teil unerträglich schwere Lasten man Menschen damit auferlegt.

Es ist wie die Geschichte von des Kaisers neuen Kleidern am Anfang des Buches. Ist es denn wirklich so schlimm, den eigenen Stolz zu überwinden und zuzugeben, dass unsere vereinfachten Glaubensschemata oft nicht greifen beziehungsweise dass Gott es offensichtlich vorzieht, sich nicht in unsere Schubladen pressen zu lassen?

Der Zustand einer maroden und in Sünde gefallenen Welt mit allen seinen Implikationen wird für die nicht aufgehoben, die Christus als Vorbild, seine Worte und Taten als Richtschnur für das eigene Handeln und sein Erlösungswerk am Kreuz als Bedingung für eine intakte Beziehung zum Vater im Himmel sehen. Diesen Zustand nennt die Bibel „in dieser Welt, aber nicht von dieser Welt". Und ein Teil dieser Aussage von Jesus in Johannes 17 ist der Satz: „Ich bitte dich nicht, dass du sie aus der Welt nimmst, sondern dass du sie bewahrst vor dem Bösen." (V. 15). Noch augenfälliger ist der Dialog, den Jesus mit Simon Petrus nach dem Abendmahl führt: „Simon, Simon, siehe, der Satan hat begehrt, euch zu sieben wie den Weizen. Ich aber habe für dich gebetet, dass dein Glaube nicht aufhöre" (Lukas 22,31–32).

Man würde ja viel eher erwarten, dass Jesus den Teufel zurückweist, wie er das bei seiner Versuchung in der Wüste getan hat. Aber das tut er nicht. Stattdessen macht er deutlich, dass Petrus in allen Anfechtungen und allem Leid das Ziel nicht aus den Augen verlieren darf. Und schiebt den Satz hinterher, Petrus solle seine Brüder stärken, wenn er zu Jesus zurückgekehrt sei! Jesus sieht also voraus, dass Petrus straucheln und seine Glaubensgewissheit für eine Weile an den Haken hängen wird.

Dieselbe Spannung, die eine gefallene Welt mit sich bringt, wird deutlich, wenn Paulus in Römer 7,14–25 davon redet, dass sich unser Geist und unser Fleisch in einem beständigen Widerstreit befinden. Dass er „die Dinge, die er tun will, nicht tut, und die Dinge, die er nicht tun will, tut". Er entwickelt in Römer 8 den Gedanken, dass Jesus uns erlöst hat und wir den alten Haltungen und Denkmustern nicht mehr schutzlos ausgeliefert sind, wenn wir den Geist Gottes in uns tragen.

Der ganze Abschnitt gipfelt dann in den Versen 18–26, wo es heißt (nach der Hfa-Übersetzung): *Ich bin ganz sicher, dass alles, was wir zurzeit erleiden, nichts ist, verglichen mit der Herrlichkeit, die Gott uns einmal schenken wird. Darum wartet die ganze Schöpfung sehnsüchtig und voller Hoffnung auf den Tag, an dem Gott seine Kinder in diese Herrlichkeit aufnimmt. Ohne eigenes Verschulden sind alle Geschöpfe der Vergänglichkeit ausgeliefert, weil Gott es so bestimmt hat. Aber er hat ihnen die Hoffnung gegeben, dass sie zusammen mit den Kindern Gottes einmal von Tod und Vergänglichkeit erlöst und zu einem neuen, herrlichen Leben befreit werden. Wir wissen ja, dass die gesamte Schöpfung leidet und stöhnt wie eine Frau in den Geburtswehen. Aber auch wir selbst, denen Gott bereits jetzt seinen Geist als Anfang des neuen Lebens gegeben hat, warten voller Sehnsucht darauf, dass Gott uns als seine Kinder zu sich nimmt und auch unseren Leib von aller Vergänglichkeit befreit. Darauf können wir zunächst nur hoffen und warten, obwohl wir schon gerettet sind. Hoffen aber bedeutet: noch nicht haben. Denn was einer schon hat und sieht, darauf braucht er nicht mehr zu hoffen. Hoffen wir aber auf etwas, das wir noch nicht sehen können, dann warten wir zuversichtlich darauf. Dabei hilft uns der Geist Gottes in all unseren Schwächen und Nöten.*«

Unsere Pilgerreise hier auf Erden führt nicht an Leid und Nöten vorbei, sondern mitten durch sie hindurch. Das Ziel ist, sie zu überwinden, nicht zu vermeiden.

Ich habe die Passage aus dem 7. Kapitel des Römerbriefes in diesem Liedtext verarbeitet:

Das, was ich tun will

Ich bin mir selber fremd, kenn mich nicht aus in mir
Verwett bestimmt mein letztes Hemd nicht auf das Jetzt
    und Hier
Ich such mein Gleichgewicht, jenseits der Illusion
In einer tieferen Schicht, ich suche viel zu lange schon
Ich fahr das eine Mal zu viel aus meiner Haut
Wills Glück erzwingen, hab nicht einfach drauf vertraut
Und flieg, so weit mich meine kühnsten Träume tragen
Ich fliege, ohne nach dem Weg zu fragen

Denn das, was ich tun will, das tu ich nicht
Doch das, was ich nicht tun will, tue ich
Oh, das, was ich tun will, das tu ich nicht
Doch das, was ich nicht tun will, tue ich, das tue ich

Ich sitze gern im Boot, es ist gemütlich dort
Wer will schon auf dem Wasser gehn, wer will schon von
  hier fort?
Ich schätze Sicherheit, klar mag ich Tatendrang
Doch ist der Weg von A nach B sehr unbequem und lang
Ich bleibe stehn, ich kann ja nicht aus meiner Haut
Hab nie so ganz gelernt, wie man sich anvertraut
Bleib lieber stehn, als wieder einmal zu versagen
Weil die gestutzten Flügel mich nicht tragen

Denn das, was ich tun will, das tu ich nicht...

Hol mich raus aus meinem Schneckenhaus
Hol mich raus aus meiner Lethargie
Wenn ichs jetzt nicht schaffe, wird nichts draus
Wenn ich jetzt nicht loslauf, geh ich nie
Ja, wenn ich jetzt nicht loslauf, geh ich drauf

Bitte hilf mir, das zu wolln, was ich nicht will
Denn bis ich dazu die Kraft hab, steh ich still
Bitte hilf mir, das zu tun, was ich nicht kann
Denn dann fass ich Mut und fang von vorne an
Von vorne an

Es ist meine feste Überzeugung, dass der Glaube an Jesus Christus Trost angesichts von Leid und Tod bietet, wie das bei keiner anderen Religion oder Weltanschauung der Fall ist. Und dass dieser Glaube sich gerade dann als tragfähig erweist, wenn mir das Leben zu entgleiten droht! Timothy Keller hat die Essenz der grundlegenden Paradigmen des christlichen Glaubens so treffend zusammengefasst, dass ich mir an dieser Stelle seine Worte leihen möchte:

„Die erste hier relevante Position ist der Glaube an einen persönlichen, weisen, unendlichen und daher unergründlichen Gott, der den Gang der Welt letztlich in den Händen hat – und dies ist eine sehr viel tröstlichere Vorstellung als der Glaube, dass unser Leben in den Händen des Zufalls oder Schicksals liegt.

Die zweite Grundlehre ist, dass in Jesus Christus Gott auf die Erde kam und als Opfer mit und für uns gelitten hat – und dies ist viel tröstlicher als der Glaube an einen Gott, der irgendwo weit weg und unbeteiligt ist. Das Kreuz ist (...) der Beweis, dass Gott bei aller Unergründlichkeit grundsätzlich für uns ist.

Die dritte Lehre ist, dass wir durch den Glauben an Christi Versöhnungswerk am Kreuz unserer Erlösung gewiss sein können – was viel besser ist als das System des Karma. Wir dürfen wissen, dass die Widrigkeiten des Lebens keine Strafe für unsere vergangenen Sünden sind, da Jesus ja für diese Sünden bezahlt hat. Wie Luther lehrte: Leiden ist unerträglich, wenn ich nicht die Gewissheit habe, dass Gott für mich und mit mir ist. Diese Gewissheit kann mir der Säkularismus nicht geben und auch nicht die Religionen, in denen man durch gute Werke erlöst wird.

Die vierte große christliche Lehre ist die leibliche Auferstehung vom Tod für alle Gläubigen. Damit ist das Spektrum des christlichen Trostes im Leid komplett (...). Wir werden unsere Körper zurückbekommen, und zwar in einem Zustand der Schönheit, Gesundheit und Kraft, den wir uns heute noch gar nicht vorstellen können. Jesu Auferstehung von den Toten war leiblich; seine Jünger konnten ihn berühren und umarmen, und er nahm Essen zu sich. Gleichzeitig konnte er durch verschlossene Türen gehen und plötzlich verschwinden. Dies ist eine materielle Existenz, aber eine, die alle unsere Vorstellungskräfte sprengt."[11]

Ein solcher Glaube stiftet Gemeinschaft unter Menschen, die natürlicherweise vielleicht nur wenig miteinander zu tun hätten. Die jährlich wiederkehrenden christlichen Feiertage sind eine Erinnerung daran, dass unser ganzes Leben von einer göttlichen Realität durchzogen ist und wir diese auch wahrnehmen können, wenn wir uns dafür öffnen.

Im Glauben finden wir Übergangsriten für die Geburt und Kleinkindjahre (mit der Taufe), den Eintritt ins Erwachsenenleben (Firmung, Konfirmation), Heirat und Tod, und diese wiederkehrenden Rituale verbinden uns nicht nur mit Christen in aller Welt und quer durch alle Konfessionen, sondern auch mit denen vergangener Generationen und Jahrhunderte. Wir sind in einen Kreislauf eingebunden, der weitaus größer ist als unser Umfeld, unsere Zeit, unsere Prägung, unsere Wahrnehmung und unser Verständnis vom Leben.

Eine der Begleiterscheinungen der Moderne und Postmoderne ist aber wohl, dass manche Christen den Himmel schon hier auf Erden erwarten; so als ob wir nicht in einer von Sünde gezeichneten Welt leben würden. Sie wollen nicht auf das warten müssen, was uns für die Ewigkeit verheißen ist, sondern es hier schon erleben. Gottes Gegenwart zum Greifen nah und den

---

11 Keller, Timothy: Gott im Leid begegnen. Brunnen, 2015, S. 79ff.

Zustand völliger Leid- und Schmerzfreiheit sofort und das ganze Leben lang, bis wir von Gott sanft entrückt und in himmlische Gefilde versetzt werden. Dieses fromm getarnte Wunschdenken nimmt aber Gottes eigene Aussagen in der Bibel nicht ernst, denn dort werden seine Kinder immer wieder mit schwerem Leid und Entbehrung konfrontiert.

Wenn Christen also das Ziel völliger Schmerzfreiheit als von Gott gewollt ausrufen, müssen sie das Leid ihrer Mitgläubigen wegerklären, und das tun sie oft auf höchst unbarmherzige Art und Weise: „Du hast Gott nicht genug vertraut, nicht mit genug Glauben gebetet." „Du hast wohl Schuld in deinem Leben, sonst müsste Gott dich nicht erziehen." „Du machst zu viele Kompromisse, deswegen kann dich Gott nicht mit seinem vollen Segen beschenken."

Was für ein Schlag ins Gesicht eines Leidenden! Damit schaffen sie dem Leidenden eine doppelte Last. Er muss nicht nur lernen, sein schweres Los zu tragen, sondern er muss sich auch noch das Herz und Hirn zermartern, warum Gottes angebliche Zusagen bei ihm nicht greifen. Warum „Gottes vollkommener Plan" in seinem Leben keine Anwendung gefunden hat. Warum er nicht geheilt wird, obwohl „alle Menschen, die mit der Bitte um Heilung zu Jesus kamen, geheilt wurden". Und er soll sein Los auch noch mit Lobpreis und Gottvertrauen tragen und allen Zweifeln nur die Zusagen Gottes entgegenhalten – meist ungeachtet des Kontextes, in dem sie getätigt wurden. Wenn man in diesem System verwurzelt ist und die Nackenschläge im eigenen Leben überschaubar sind, klingt das alles erst einmal sehr folgerichtig. Der Teufelskreis offenbart sich erst, wenn katastrophales, permanentes und allumfassendes Leid in das Leben dieser Christen tritt.

Und nicht wenige Menschen, ob Fromme oder nicht, glauben sogar auf irgendeine Weise, dass jeder das bekommt, was er verdient. Dieser Satz ist gedankenlos und unwahr, denn er impliziert, dass Menschen, die weniger Leid erleben, es ja offensichtlich auch weniger verdient hätten. Jesus sagt aber in Matthäus 5,45: „[Der Vater im Himmel] lässt seine Sonne aufgehen über Böse und Gute und lässt regnen über Gerechte und Ungerechte." Womit er ausdrücken will, dass weder Segen ein Zeichen für Rechtschaffenheit ist noch Leid ein Indikator für Gericht.

Vor einigen Jahren erschien das Buch „Das Gebet des Jabez" und wurde international in kürzester Zeit ein millionenstarker Bestseller. Es beruht auf einem einzigen Vers in 1. Chronik 4,10 – ein Gebet, gesprochen von einem Mann namens Jabez, von dem wir im ganzen Alten Testament nur dreimal lesen: „Segne mich und erweitere mein Gebiet! Steh mir bei und halte Unglück und Schmerz von mir fern!" (GN).

Da ich damals an der deutschen Musik-CD beteiligt war, die inspiriert durch das Buch entstanden ist, musste ich mich früh mit den Inhalten auseinandersetzen, und einige Aspekte haben mir von vornherein Bauchschmerzen gemacht. In den letzten Jahren sehe ich es jedoch noch deutlich kritischer. Was sich hinter der Auslegung des Jabez-Gebetes von Bruce Wilkinson nämlich letztlich verbirgt, ist ein klassisches Wohlfühl-Evangelium.

Der Klappentext auf der Rückseite der amerikanischen Originalausgabe macht schnell deutlich, warum wohl viele der Leser zugriffen haben: „*Bist du bereit, Gott um die überfließenden Segnungen zu bitten, die er so gerne über dir ausgießen möchte? Wenn du das einfache Gebet des Jabez betest, wird Gottes Gunst, Bevollmächtigung und Schutz freigesetzt, damit du zu dem Leben durchbrechen kannst, das er für dich vorgesehen hat."*

Mit solchen Sätzen mag man gut Bücher verkaufen können, sie sind aber auch Ausdruck geistlicher Anmaßung. Die Aussage, dass wir von Gott im alltäglichen Leben zu wenig erwarten, stimmt ja in vielen Fällen, und seine Einladung, nicht aus eigener Kraft zu leben, sondern sich auf Gott zu verlassen, ist sicher eine gute.

Aber spätestens, wenn er davon schreibt, dass wir uns manchen Segen von Gott nicht „abgeholt" haben, so als besäßen wir ein Bankkonto, auf dem noch viel Geld liegt, wird das Ganze theologisch schräg. Leider ist nie davon die Rede, dass auch in Rückschritten, Einbußen, Verlust- oder Leiderfahrungen Segen zu finden ist oder Wachstumspotenzial für den Charakter eines Christen liegt. Wir können stattdessen laut Wilkinson mit einem blauen Himmel und besten Winden rechnen, wenn wir im Vertrauen auf Gott die Segel setzen, solange wir nur nicht sündigen oder von Gottes Agenda für unser Leben abweichen. Zeiten, in denen wir dagegen das Gefühl haben, unsere Gebete prallen an der Decke ab, in denen wir mit Schmerz, Enttäuschung oder Trauer zu kämpfen haben, sind in seiner Logik nicht vorgesehen.

Wenn wir dem falschen Weltbild aufsitzen, dass Gott die Welt nur erschaffen hat, damit es uns gut geht und wir das Leben in vollen Zügen auskosten können, dann führt jede größere Leiderfahrung und Manifestation des Bösen oder Unbegreiflichen zu einer Erschütterung dieses Weltbildes.

Timothy Keller schreibt in seinem Buch „Gott im Leid begegnen": *„Je größer wir in unseren eigenen Augen werden und je mehr wir uns einbilden, dass wir selber verstehen, wie das Universum funktioniert und wie die Menschheitsgeschichte weitergehen sollte, und* *je weniger wir auf Gottes Gnade und Offenbarung angewiesen sind, desto unerträglicher wird das Problem des Leides. Es ist der fern gewordene Gott, der dann, wenn wir vor Schmerz aufschreien, unerträglich kalt und teilnahmslos erscheint (...) Der Leidende, der einen verdünnten, abstrakten Gottesglauben hat, ist schlechter dran als der Leidende, der an gar keinen Gott glaubt.*"[12]

Einer der Gründe, warum die Bibel für mich so vertrauenswürdig ist, besteht darin, dass sie negative Erfahrungen und Empfindungen gerade nicht ausblendet, sondern als Teil des Lebens beschreibt. Dort beklagen sich Vorbilder des Glaubens bei ihrem Schöpfer: „Du hast mich unfair behandelt!" „Du hast dein Versprechen gebrochen und mich betrogen." „Du musst das wieder in Ordnung bringen, Gott!" Gott kann diese Klagen verkraften – viel besser, als wir denken.

Das Leben ist hart. Es gibt Zeiten der Freude und Zeiten für Tränen, Zeiten fürs Feiern und andere fürs Trauern. Und damit wir wirklich lebendig und menschlich sein können, müssen wir beide Realitäten an uns heranlassen. Denn ohne das Durchleben von harten Zeiten und persönlichen Verlusten und ohne die damit verbundene Trauer können wir keine Tiefe gewinnen.

Es gibt Gründe, warum es das Buch der „Klagelieder Jeremias" in den biblischen Kanon geschafft hat. Ein Buch, in dem es im Wesentlichen darum geht, die Zerstörung des Tempels in Jerusalem zu betrauern. Oder warum es das Buch Hiob in der Bibel gibt, das wie ein Leitfaden für Trauer in all ihren Facetten ist.

Dies sind keine Bücher im Alten Testament, die Freunde von Lobpreis und Anbetung als Erstes aufschlagen. Stattdessen

---

12 Keller, Timothy: Gott im Leid begegnen. Brunnen, 2015, S. 81 ff.

werden lieber die Psalmen als Sammlung von Liedern der Dankbarkeit und des Lobes zitiert. Dabei verlieren jedoch viele aus den Augen, dass von den 150 Psalmen 65 Klagepsalmen sind! Und wenn man alle am Stück durchliest, ist es recht schockierend, wie viele negative Aussagen darin vorkommen. So ziemlich jede menschliche Emotion findet sich in den Psalmen wieder.

Als christlicher Musiker, der selbst ein paar hundert Lieder geschrieben hat, beschäftigt mich seit einigen Jahren die Tatsache, dass in der internationalen Worship-Szene genauso vollmundig-rosarot von der Nachfolge gesungen wird wie von Gott selbst. Mit denselben Superlativen. Vieles ist auf „höher, schneller, weiter" angelegt. Nie wurde Gott so intensiv erlebt wie jetzt gerade. Nie war alles schöner als jetzt. Und deswegen lege ich mein Leben vollkommen vorbehaltlos für jetzt und immer in seine Hände. Folge ihm bis ans Ende der Welt, wo auch immer mich mein Weg hinführen wird. Gehe von Herrlichkeit zu Herrlichkeit, von Offenbarung zu Offenbarung, von Segen zu Segen. Viele dieser Texte entspringen eher einem postmodernen Wunschdenken als der Realität.

Nach meiner Erfahrung von annähernd 40 Jahren in unterschiedlichsten gemeindlichen Kreisen und Prägungen hat das Leben mit Gott nie einen rein linearen Verlauf. Mal fühle ich mich Gott eng verbunden und habe im Gebet vielleicht sogar das Empfinden einer „Standleitung zum Himmel". Dann scheint es wieder so, als ob meine Worte an der Decke abprallen und mir für die Fingerzeige Gottes gänzlich der Blick verstellt ist. Mal machen die Geschehnisse in meinem Leben für mich Sinn und lassen mich auf einen liebevollen Vater im Himmel schließen;

dann wieder bin ich ratlos, enttäuscht oder desillusioniert, kann mir keinen Reim auf die Dinge machen, und Gott ist mir in seinen Handlungen und Absichten fremd.

An diesem Auf und Ab ist an sich nichts ungewöhnlich. So geht es uns in unseren zwischenmenschlichen Beziehungen, im Beruf und in unseren Hobbys immer wieder. In manchen christlichen Kreisen werden wir aber darauf konditioniert zu denken, dass wechselnde Gefühle und „Ups and Downs" zum Leben eines reifen Christen nicht passen. Dass ein „siegreiches Leben" keinen Schwankungen unterworfen ist. Statt uns mit unserer Irritation und Unsicherheit, mit unseren offenen Fragen und Klagen an Gott zu wenden, lassen wir diese sehr realen Empfindungen daher lieber unter den Tisch fallen und geben uns der Hoffnung hin, dass sie von allein verschwinden, wenn wir es uns nur lange genug einreden.

Aber die Krisen und Unsicherheiten in unserem Leben verflüchtigen sich nicht von allein. Und die mitunter schlagerhaft überzeichneten Texte unserer Anbetungslieder machen es Menschen in realen Krisen sehr schwer, in einem langsamen Prozess das Vertrauen auf Gott wieder zurückzugewinnen, wenn es durch selbst- oder fremdverschuldete Erlebnisse und Brüche in unserer Biografie ins Wanken geraten ist.

Was in unseren Krisen hilft, sind ehrliche und demütige Texte, die Gott Gott sein lassen und den Weg mit ihm nicht zu einem Zuckerschlecken hochstilisieren. Die den Glauben nicht als einen ständigen Höhenflug darstellen, sondern als das, was er ist: ein steiniger, schmaler Weg ins Unbekannte, verbunden mit vielen Unwägbarkeiten und auch Entbehrungen.

Die Geschichte der Verklärung in Matthäus 17 kann dafür vielleicht eine Illustration sein. Jesus steigt mit Petrus, Jakobus und Johannes auf einen Berg. Oben angekommen, leuchtet das Gesicht von Jesus auf einmal wie die Sonne; seine Kleidung wird blendend weiß wie das Licht. In diesem wundersamen Moment erscheinen den Männern Mose und Elia und reden mit Jesus. Später wird eine Stimme aus dem Himmel erschallen, die sagt: *„Dies ist mein lieber Sohn, an dem ich Wohlgefallen habe; den sollt ihr hören!"* Petrus' erste Reaktion ist, Jesus vorzuschlagen, dass er für ihn, Mose und Elia drei Zelte baut. Er hätte sich gern auf dem Berg der Verklärung eingerichtet. Aber das geschieht nicht. Die Jünger müssen wieder den Gang zurück ins Tal antreten. Geistliche Höhenflüge stellen in unserem Leben nämlich nicht den Normalzustand dar, sondern sind eher die Ausnahme. Wenn unsere Begegnung mit Gott eine solche Unmittelbarkeit hat, dass er uns zum Greifen nah erscheint, ist das eine sehr beglückende Erfahrung. Aber tiefes Vertrauen erlernen wir nicht auf dem Berg der Verklärung, sondern in den Niederungen des Lebens; dann, wenn wir verinnerlichen, dass wir nicht tiefer fallen können als in Gottes Hände.

Matt Redman hat zusammen mit seiner Frau Beth kurz nach den Anschlägen am 11. September 2001 das Lied „Blessed be your name", geschrieben, das sehr vielen Menschen aus dem Herzen spricht. Es besagt, dass ich Gott nicht nur dann loben kann, wenn die Sonne scheint, sondern dass der Lobpreis gerade in den schweren Zeiten des Lebens eine große Kraftquelle ist. Und das glaube ich auch!

Der Text der Bridge lautet im englischen Original: *„You give and take away, you give and take away. My heart will choose to say:*

Lord, blessed be Your name." In der deutschen Fassung „Dir gehört mein Lob" hat Andreas Waldmann die Aussage sogar noch verschärft: *„Egal, was du mir gibst, egal, was du mir nimmst, du bist und bleibst mein Gott, nur dir gehört mein Lob.*"

Ich kann diesen Text eigentlich erst aus voller Überzeugung singen, nachdem wir Sara verloren haben. Denn ich wüsste nicht, welchen schmerzlicheren Verlust ich in meinem Leben noch erleiden könnte.

Mir ist gerade in meiner größten Zerbrechlichkeit bewusst geworden, dass mir niemand meine ewige Hoffnung rauben kann, weil sie unverrückbar zu meiner Bestimmung gehört. Ganz egal, ob Gott, der Teufel oder das Schicksal mir Sara genommen haben: Die Schultern meines liebenden Schöpfers sind breit genug, um eine Menge Klagen von mir ertragen zu können, selbst wenn sie nicht die richtige Adresse treffen.

Und auch wenn ich nicht weiß, welche Verluste noch auf meinem Weg liegen werden und ich für meine Verlässlichkeit nicht die Hand ins Feuer legen kann, trage ich doch dieses Urvertrauen in mir, dass Gott verlässlich ist. Denn *„einen anderen Grund kann niemand legen als den, der gelegt ist, welcher ist Jesus Christus*" (1. Korinther 3,11), und *„selbst wenn wir untreu werden, ist Gott doch treu, weil er sein Wesen nicht verleugnen kann*" (2. Timotheus 2,13). Dieser Gedanke hat mich zu dem Lied inspiriert, das kürzlich in einer Songwriting-Session von Musikern meiner Gemeinde entstanden ist:

Wie weit würd ich gehen?

Wie weit würd ich gehn für meinen Glauben?
Wie gut trägt mich dieses Fundament?

Ließe ich mir mein Vertrauen rauben
In den Gott, der mich sein Eigen nennt?

Wie weit würd ich gehn trotz meiner Fragen?
Wie viel ließe ich für dich zurück?
Wie viel Leid wär ich bereit zu tragen?
Wie viel gäb ich ab von meinem Glück?

Ich kenn die Antwort nicht
Doch ich weiß, dass du versprichst:
„Du hältst den Fluten und den Stürmen stand"
Und selbst in tiefer Not
Umgibst du mich, mein Gott
Du warst und bist und bleibst mein Lebensgrund

Wie weit würd ich gehn, wenn ich schon wüsste
Was auf meinem Weg noch vor mir liegt
Welche Dinge ich entbehren müsste?
Ob am Ende mein Vertrauen siegt?

Wie weit würd ich gehn, um dich zu sehen?
Wie viel meiner Zeit bist du mir wert?
Würd ich deine Gegenwart erflehen
Bis dir, was ich bin und hab, gehört?

Ich versuche seit geraumer Zeit, Lieder zu schreiben, die Brücken zwischen Hoffen und Scheitern, Verlust und Vertrauen bauen, ohne dabei Gottes Allmacht, Barmherzigkeit und fürsorgliche Liebe grundsätzlich in Frage zu stellen. Man sagt ja von uns christlichen Songschreibern, dass wir die Gabe besitzen,

Menschen Gebete zu leihen und in den Mund zu legen, die sie nicht hätten formulieren können: Gebete, die ihnen helfen, sich Gott gegenüber zu artikulieren. Umso wichtiger ist es dann, dass wir das nicht nur für die guten, glücklichen Zeiten tun, sondern auch für die Kämpfe und Nöte, Tiefen und Täler, Sorgen und Unsicherheiten. Für die Bereiche, in denen wir mit Gott und einer gebrochenen Welt ringen. Für die am Ende ein „Kyrie Eleison – Herr, erbarme dich" steht.

So attraktiv Filme mit einem Happy End sind; selbst sie gehen nur dann zu Herzen und unter die Haut, wenn der Weg zum glücklichen Ende ein harter und umkämpfter ist, so wie im wahren Leben. Der Glaube ist auch im 21. Jahrhundert kein Disney-Film, und man muss schon die Augen sehr fest vor den Geschehnissen in der Gesellschaft verschließen, um das nicht zu sehen.

Kaum ein Pastor leitet seine Gemeinde an, wie man mit Gott ringt und die eigene Klage zu ihm bringt. Noch heute ist es in vielen Gemeinden nicht erwünscht, laut die Frage zu stellen, wo Gott in meinem Leid ist und warum er nicht eingegriffen hat, obwohl ich doch sehnsüchtig darum gebetet habe.

Dabei sind doch Hilferufe wie Psalm 88 nicht der Zensur zum Opfer gefallen, als der Kanon für die Heilige Schrift festgelegt wurde: *„Herr, mein Gott, du allein kannst mir noch helfen! Tag und Nacht schreie ich zu dir! Höre mein Gebet, vernimm mein Flehen! Schweres Leid drückt mich nieder, ich bin dem Tod schon näher als dem Leben. Jeder rechnet damit, dass ich bald sterbe, so schwach bin ich. Es geht mir wie den Toten, wie den Erschlagenen in ihrem Grab, die du vergessen hast, die von dir verlassen sind. Du hast mich in den tiefsten Abgrund gestoßen, in unergründliche Finsternis... Herr, ich schreie zu dir um Hilfe. Schon früh am*

Morgen klage ich dir mein Leid. Warum hast du mich aufgegeben, Herr? Warum verbirgst du dich vor mir?" (Psalm 88,2–7.14–15; Hfa).

Jeder, der der Bibel nur positive Haltungen entnehmen will, muss als Erstes einmal diese Seite herausreißen! Timothy Keller kommentiert: *„Der Psalm endet ohne jeden Hoffnungsschimmer. Man kann vor Gott richtig leben und doch in der Finsternis bleiben. Wobei diese Finsternis beides meinen kann: schwierige äußere Umstände und einen tiefen inneren Schmerz. Das ist die überaus realistische und harte Botschaft dieses Psalms. Die Dinge werden eben nicht immer auf ein kräftiges Gebet hin besser, und wir erfahren nicht immer, warum uns dieses oder jenes passiert ist ... (...) Dass es solche Gebete in der Bibel gibt, zeigt, dass Gott uns versteht. Er weiß, wie Menschen reden, die nicht mehr können."*[13]

Christina Brudereck und ich haben mit dem folgenden Text den Versuch unternommen, ein solches Ringen angesichts eines sich verändernden Gottesbildes in Worte zu fassen. Ich gebe zu, dass mir das auch nicht leicht über die Lippen kommt. Wer bin denn ich, dass ich Gottes Pläne in Frage stelle?

Es hat eine ganze Weile gedauert, bis ich mir selbst eingestanden habe, dass mein Gottesbild durch unseren Verlust phasenweise deutliche Schrammen abbekommen hat. Aber andererseits ist es ja gerade dieses Ringen mit Gott in schweren Zeiten, das den Durchbruch zu einem tieferen, weniger zu erschütternden Vertrauen erst wieder möglich macht.

13 Zitiert im Vorwort von Elisabeth Elliot, These Strange Ashes (Grand Rapids, III: Revell, 1982), S. 7

Du weißt

Du warst für mich ein Vater, voll liebevoller Güte
Du warst mir immer freundlich zugewandt
Es schien ganz außer Frage: Du bist ein guter Hirte
Ich fall nie tiefer als in deine Hand

Dann wurdest du ein Fremder, eine weit entfernte Liebe
Auf einmal schienst du mir ganz unbekannt
Wie kann ich dir noch trauen? So handelt doch kein Vater
Ich steh benommen auf verbranntem Land

Doch du bist so wirklich wie mein Schmerz
Und so nah wie meine Tränen
Du bist so stark wie nur die Liebe
Bleibst wahr trotz meiner Fragen
Und ich ruh im Wissen, dass du weißt

Ich will mich zu dir flüchten und auf dein Reden warten
Ich suche meine Zuflucht, Gott, bei dir
Mal komm ich als dein Kläger und Dunkels nächster Bruder
Du scheinst so weit entfernt, bist mir zu groß

Du bist und bleibst die Sonne, gewaltig heiße Flamme
Du wirst, solang ich lebe, anders sein
Als Herzstück meines Lebens, als absoluter Herrscher
Ich ahne dich und bin nie mehr allein

Denn du bleibst so wirklich wie mein Schmerz ...

Das biblische Urbild für dieses Ringen mit Gott (und damit auch mit dem Leben) ist der Kampf, den Jakob mit Gott am Jabbok austrägt – wir lesen in 1. Mose 32,23–33 davon. Gott ist in dieser Szene nicht der Abwesende, Distanzierte, ewig Unberührbare, sondern er tritt als nahbares und selbst verletzliches Gegenüber auf. Er wird körperlich spürbar, verletzt Jakob und bleibt bis zum Ende geheimnisvoll. Psychologisch kann dieses Ringen sicher auch als innerer Kampf gegen Schuld- und Schamgefühle ausgelegt werden, als ein schmerzvoller Kampf gegen die eigenen dunklen Seiten und Gefühle von Wertlosigkeit und Verzagtheit. Das ist kein einfacher Prozess, sondern buchstäblich ein Ringen auf Leben und Tod. Jakob überlebt den Kampf; die Bibel sagt sogar, dass er als Sieger daraus hervorgeht. Aber er bleibt danach ein lebenslang Hinkender.

Ich kann für mich aus diesem biblischen Bericht viel herausziehen. Seit mehr als 30 Jahren bin ich in der christlichen Gemeindelandschaft im deutschsprachigen Raum unterwegs. Und es bekümmert mich, dass viele Menschen in diesem Umfeld einsam bleiben, obwohl die Ortsgemeinde eigentlich die Hoffnung der Welt sein sollte.

Es ist ein Teufelskreis, dass Christen, je mehr ihre Verantwortung in der Gemeinde zunimmt, desto weniger den Mut haben, ihre Schwächen und Kämpfe preiszugeben. Durch den verständlichen Wunsch, selbst ein Vorbild zu sein, geht oft die Einsicht verloren, dass mein aktives Ringen mit Problemen und offenen Fragen für andere eine Ermutigung ist, weil sie merken, dass sie mit ihren Kämpfen nicht allein dastehen.

Wir Menschen sind manchmal wirklich verkorkst. Auf der einen Seite suchen wir den „Quick Fix", den schnellen Ausweg aus unseren Problemen. Auf der anderen Seite ist uns im

Tiefsten nichts so wichtig wie Authentizität und Leidenschaft. Und diese beiden Anliegen stehen miteinander im Widerstreit. Wir freuen uns, wenn wir authentischen Menschen begegnen, hassen es aber zugleich, dass wir so viel von unserer Persönlichkeit offenbaren müssen, um selbst zu solchen Menschen zu werden. Und ziehen uns daher oft lieber auf allgemeingültige Lehrsätze zurück.

Es ist aber nicht nur unehrlich, wenn ich als Leiter vorgebe, das Leben im Griff zu haben – bis auf die kleinen Kavaliersdelikte vielleicht, die eine humorvolle Randnotiz in der Predigt wert sind. Es frustriert auch die Angeleiteten, die ja spüren, dass in ihrem eigenen Leben eine Diskrepanz existiert zwischen der Person, die sie sind, und der, die sie gerne wären.

Paulus macht das in seinen Briefen sehr deutlich. Er beschreibt in Römer 7 den inneren Konflikt zwischen Anspruch und Wirklichkeit. Und in 2. Korinther 12,7–9 kommt er auch auf eine leidvolle Krankheit zu sprechen: *„Gott selbst hat dafür gesorgt, dass ich mir auf die unbeschreiblichen Offenbarungen, die ich gesehen habe, nichts einbilde. Deshalb hat er mir ein quälendes Leiden auferlegt ... Dreimal schon habe ich Gott angefleht, mich davon zu befreien. Aber er hat zu mir gesagt: ‚Meine Gnade ist alles, was du brauchst! Denn gerade wenn du schwach bist, wirkt meine Kraft ganz besonders an dir.‘ Darum will ich vor allem auf meine Schwachheit stolz sein. Dann nämlich erweist sich die Kraft Christi an mir"* (Hfa).

Dass Leiter in Gemeindekreisen ihre eigenen Schwächen offen eingestehen, kommt leider nur sehr selten vor. Man hat eher den Eindruck, dass das Ego von Menschen wächst, je mehr sie im Scheinwerferlicht stehen. Obwohl ihnen in Sachen Demut ja keiner was vormacht.

Ich kenne diesen inneren Konflikt recht gut. Ich habe schon früh als Musiker auf der Gemeinde-Bühne gestanden und auch andere Leitungsfunktionen übernommen. Und je mehr Verantwortung ich trug und je mehr Menschen ich mit meinen Seminaren, Konzerten und Songs angesprochen habe, desto schwerer fiel es mir, über innere Kämpfe und Ungereimtheiten, Selbstzweifel, Charakterdefizite und Fehler im Umgang mit anderen Menschen zu sprechen. Je mehr ich in eine repräsentative Rolle hineingeriet, desto schwieriger wurde es für mich, Leute in meinem Umfeld zu finden, denen ich auch meine dunkleren Seiten anvertrauen und mich öffnen konnte.

Diese Tendenz, seine gute Seite herauszukehren und die schlechte unter der Decke zu halten, kann man natürlich nicht nur in Kirchengemeinden beobachten. Sie findet sich auch in Firmen und Gremien, Dorfgemeinschaften und Vereinen wieder und ist vielleicht nur deswegen in frommen Kreisen noch verbreiteter, weil dort Süchte und „sündhaftes Verhalten" stärker sanktioniert werden als anderswo. Weil nicht sein kann, was nicht sein darf!

Je stärker der Verhaltenskodex einer Gruppe ist, desto mehr wird er zum konstituierenden Merkmal. Bis sich die Leute irgendwann in Verhaltensmustern wiederfinden, die sie eigentlich nie an den Tag legen wollten, sich im Laufe ihrer Gruppenzugehörigkeit aber doch angeeignet haben.

Spätestens dann, wenn eine erdrutschartige Verlusterfahrung ins Leben tritt, lässt sich aber die Fassade nicht mehr aufrechterhalten, oder es wird einen Menschen von innen zerreißen. Wenn eine Ehe zerrüttet ist, die Gemeindedoktrin aber Trennung und Ehescheidung verurteilt. Wenn eine Person sich aus Suchtstrukturen oder Finanzproblemen ohne fremde Hilfe nicht lösen kann, aber Sanktionen der Gruppe fürchtet und sich durch ihr Schweigen selbst den Weg in die Freiheit verbaut. Oder wenn jemand durch den Verlust eines geliebten Menschen in seinen Grundfesten erschüttert wird, die Gemeindelinie aber vorgibt, dass Zweifel und Ringen, Klage und Traurigkeit Zeichen von Unglauben sind und nicht zum notwendigen und heilsamen Verarbeitungsprozess gehören. Verallgemeinert: **Wenn Gewohnheit, Scham oder die Furcht vor der Einstellung anderer mich daran hindern, dass ich mit meinen Defiziten, Ungereimtheiten und Abgründen auch nach außen ich selbst sein darf, führt das zwangsläufig in eine ungesunde Isolation.**

Eine Isolation, die Jesus nie vorgesehen hat. Er suchte den direkten Kontakt mit Zöllnern (die für Habgier und Skrupellosigkeit stehen) und Ehebrechern (deren sexuelle und beziehungsmäßige Verfehlungen nicht in seinem Sinne waren) und begegnete ihnen mit Annahme, Freundlichkeit und dem Angebot der Veränderung. Er begegnete Armen und Kranken mit großer Empathie, Mitleid und Erbarmen. Er sah und erfüllte die seelischen und die körperlichen Bedürfnisse der Menschen. Er machte in seinem ersten dokumentierten Wunder auf einer Hochzeit Wasser zu Wein, nachdem die Gäste bereits gut angetrunken waren. Allen brachte er die Botschaft, dass wir schon hier auf Erden eine Beziehung zu Gott haben und nach dem Tod die Herrlichkeit des Himmels mit ihm erleben können.

Die einzige Personengruppe, die er scharf anging und verurteilte, waren die Pharisäer – die Hüter der Religion, die Rechtschaffenheit und strenge Verhaltensregeln vorgaben, aber hinter ihrer makellosen Fassade scheinheilige Heuchler waren.

Im Umgang Jesu mit den Menschen, denen er begegnete, wird schnell deutlich, wie der Auftrag von Gottes Bodenpersonal, seiner Gemeinde, aussieht. Und dass er in einigen Gemeindeformen in eine echte Schieflage geraten ist.

Wir bitten

Herr, wir bitten für unsere Gemeinde
Lass sie strahlen wie ein Feuer in der Nacht
Dass sie vielen zum Zufluchtsort werde
Und zum Spiegel deiner göttlichen Macht
Dass Verlorne in ihr Heimat finden
Die Verzagten neue Zuversicht
Dass dein Wort uns zum Wegweiser werde
Und die Menschen einander zum Licht

Oh, oh, oh, oh, oh, oh
Wir wollen dir entgegengehn
Oh, oh, oh, oh, oh, oh
Und was du willst, das soll geschehn

Herr, wir bitten für unsere Familien
Dass wir lernen, unser Leben zu teilen
In den guten und schwierigen Zeiten
Hüll uns in deinen Frieden ein
Lehre uns, aufeinander zu achten
Und auf deine Versorgung zu bauen
Unsere Sicherheit bei dir zu finden
Unsere Sorgen dir anzuvertrauen

Herr, wir bitten für unseren Nächsten
Lehr uns, mit deinen Augen zu sehen
Ihn beständig als wertvoll zu achten
Ihn zu segnen und zu ihm zu stehen
Ihm mit offenem Ohr zu begegnen
Ihn zu tragen, wenn ihn Dunkel umgibt
Dass er anders ist, zu akzeptieren
Weil du ihn ohne Vorbehalt liebst

Ich möchte dafür einstehen, dass Menschen Wege aus ihrer Isolation finden. Häufig hat diese Isolation mit persönlichen Leid- und Verlusterfahrungen zu tun. In dem Moment, in dem ich bereit werde, meine inneren Kämpfe preiszugeben, weil mir die Meinung anderer nicht mehr wichtiger ist als die Realität meines eigenen Lebens, wird die Grundlage für tiefe Beziehungen geschaffen. Die Seele kann aufatmen, und der Boden für echte Veränderung wird bereitet.

Für mich war das Schreiben dieses Buches wie eine zweite Therapie. Und ich habe gelernt, dass verborgene Dinge weit weniger Macht über mich haben, wenn ich sie ans Licht bringe. Viele Puzzleteile meines Lebens sind auseinandergerissen worden und müssen erst langsam wieder zusammengefügt werden. Das wird Zeit brauchen. Eigentlich möchte ich nicht für den Rest meines Lebens Trauerbarde oder inspirierender Redner in Sachen Schmerz und Verlusterfahrungen sein. Aber beides ist jetzt fester Bestandteil meines Lebens. Ich habe selbst die Wahl, ob ich daran zerbreche oder zulasse, dass meinem Leben eine neue, heilsame Richtung gegeben wird.

Meine Art der Annäherung an Gott hat in den letzten Jahren verschiedene Phasen durchlaufen. Manchmal herrschte

zwischen uns mehr Funkstille, als mir lieb war. Aber ich wusste nicht mehr recht, wie ich ihn ansprechen sollte. **Als das unsichtbare, aber persönliche Gegenüber, als das ich ihn seit meiner Jugend kennengelernt habe, oder doch mehr als den erhabenen Weltregenten? Zusagen aus der Bibel, die ich früher von ihm eingefordert hätte, kommen mir heute nicht mehr so leicht über die Lippen.**

Gott hat uns vor dem Unfall nicht beschützt. Ich achte ihn als souveränen Herrscher, dessen Wege sich mir oft nicht erschließen. Und doch bitte ich weiterhin wie selbstverständlich um Schutz und Bewahrung, wenn Familienangehörige und Freunde eine Reise antreten, und um Besserung und Heilung, wenn sie krank werden. Und ich habe trotz allem mein kindliches Vertrauen darauf nicht verloren, dass Gott es gut mit mir meint.

Auf der anderen Seite muss ich erneut lernen, Vertrauen zu fassen, dass er mich auch in den Alltäglichkeiten meines Lebens begleitet. Wenn mir das bewusst wird, nehme ich mir Zeit, den Jesus anzuschauen, den mir die Evangelien vor Augen malen.

Eine Freundin machte mich beim Lesen des Manuskriptes darauf aufmerksam, dass Jesus in diesem Buch besser wegkommt als Gott, der Schöpfer und Vater im Himmel. Für mich bedeutet die Dreieinigkeit aber, dass den Vater, den Sohn und den Heiligen Geist nichts auseinanderdividieren kann. Sie haben dieselben Motive, dieselbe Gesinnung, denselben Charakter, dieselben Wesensmerkmale.

Jesus selbst verdeutlicht das sehr anschaulich in Johannes 14, 6–11 (Hfa): *„Ich bin der Weg, ich bin die Wahrheit, und ich bin das Leben! Ohne mich kann niemand zum Vater kommen. Kennt ihr mich, dann kennt ihr auch meinen Vater. Von jetzt an kennt ihr ihn; ja ihr habt ihn schon gesehen!" Da bat Philippus: ‚Herr, zeig uns den*

Vater, dann sind wir zufrieden!' Jesus entgegnete ihm: ,Ich bin nun schon so lange bei euch, und du kennst mich noch immer nicht, Philippus? Wer mich gesehen hat, der hat auch den Vater gesehen. Wie also kannst du bitten: Zeig uns den Vater? Glaubst du nicht, dass ich im Vater bin und der Vater in mir ist? Was ich euch sage, habe ich mir nicht selbst ausgedacht. Mein Vater, der in mir lebt, handelt durch mich. Glaubt mir doch, dass der Vater und ich eins sind.'"

Ich bin davon überzeugt, dass die drei Personen der Dreieinigkeit uns helfen können, unterschiedliche Zugänge zu diesem einen Gott zu finden, der sich uns immer wieder offenbaren will und doch so schwer zu begreifen ist.

Mir persönlich hilft dabei besonders der Blick auf Jesus, der Mensch geworden ist und anderen Menschen auf so einprägsame und liebevolle Art begegnet ist, dass es in der gesamten Geschichte nicht seinesgleichen gab. Dieser Jesus hat etwas Entwaffnendes. Die Gottesferne, die er am Kreuz erlebt hat, tröstet mich. Die Art und Weise, wie seine Liebe Hände und Füße bekommen hat, ist mir Vorbild und Ansporn zugleich. Und die unverrückbare Hoffnung auf seine für meine Augen noch unsichtbare Welt hält mir den Himmel offen.

Zeichne dein Bild (Offenbare dich)

Zeichne dein Bild in meine Hände
Schreibe dein Wort ganz neu
Auf meines Herzens Grund
Mal mir dein Wesen neu vor Augen
Tupfe das Dunkel meiner Seele wieder bunt

Ziehe in mir deine Kreise
Sprichst du auch nur leise
Ich will hören, was du sagst
Zeichne dein Bild in meine Hände
Ein Wort von dir spricht Bände
Auch wenn du mich hinterfragst
Offenbare dich, offenbare dich

Öffne mir meine tauben Ohren
Hauche den toten Formen
Kraft und Leben ein
Glätte die Ecken und die Kanten
Forme mein Leben
Wie ich bin, will ich nicht sein

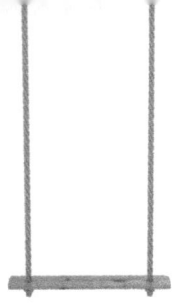

KAPITEL 12

DER TROST EINER EWIGEN HOFFNUNG

Die Perspektive auf ewiges Leben hat nicht nur in der Kirche, sondern auch bei den Dichtern und Denkern vergangener Jahrhunderte großes Gewicht. So sagt der dänische Philosoph Sören Kierkegaard: *„Die Unendlichkeit und das Ewige ist das einzig Gewisse."* Der deutsche Schriftsteller Christian Morgenstern schreibt: *„Es gibt einen Gedanken, der unsere ganze Lebensführung und Betrachtung verändern würde: die Gewissheit unserer Unzerstörbarkeit durch den Tod."* Der deutsche Theologe Detlev Fleischhammel prägte den markanten Ausspruch: *„Beim Festmahl unserer Existenz ist dieses Leben nur die Vorspeise – ein armer Tropf, wer glaubt, danach komme nichts mehr."* Ein unbekannter Militärpfarrer sagte nicht weniger einprägsam: *„Wer früher stirbt, lebt länger ewig."* Und von dem deutschen Philosophen Friedrich Wilhelm Nietzsche kommt die bemerkenswerte Aufforderung: *„Drücken wir das Abbild der Ewigkeit auf unser Leben."*

Das evangelische Monatsmagazin „Chrismon" hat 2016 das renommierte Institut für Markt- und Meinungsforschung, TNS Emnid, mit einer repräsentativen Befragung von 1007 Bürgern zum Thema „Leben nach dem Tod" beauftragt. Das Ergebnis ist sehr aufschlussreich. Während noch fast zwei Drittel der Bevölkerung bis 30 Jahre an ein Leben nach dem Tod glauben, sind es bei den über 60-Jährigen nur noch gut ein Drittel. Vielleicht, weil die Verlusterfahrungen und Brüche in der eigenen Biografie, die fast alle Menschen im Laufe ihres Lebens erfahren, den Glauben an einen guten Gott erschweren. Je größer die Familien sind, die unter einem Dach leben, desto stärker ist der Glaube an eine Form des Weiterlebens nach dem Tod. Vielleicht, weil Großfamilien noch am wertestabilsten sind und der Glaube dort noch eine größere Rolle spielt als der gesamtgesellschaftliche Trend. Und was den Zusammenhang von Einkommen und Glauben angeht, so ist Letzterer bei den zwei Gruppen am weitesten verbreitet, die am wenigsten und am meisten verdienen. Vermutlich, weil die Armen von einem besseren Leben träumen und die Reichen merken, dass Geld allein nicht glücklich macht und einen nicht vor persönlichen Verlusten, Krankheit und Tod schützen kann.

Ich weiß nicht, wie ich es schaffen würde, den Tod meiner Tochter zu verarbeiten, wenn ich nicht die feste Zuversicht im Herzen tragen würde, dass wir sie wiedersehen werden. Das Leben, das uns nach dem Tod im Himmel erwartet, ist im christlichen Glauben keine Zugabe nach dem größtenteils wunderschönen Leben hier auf Erden, sondern vielmehr das eigentliche Ziel!

Paulus vergleicht das irdische Leben in seinem ersten Brief an die Korinther mit einem Marathonlauf:

Ihr kennt das doch: Von allen Läufern, die im Stadion zum Wettlauf starten, gewinnt nur einer den Siegeskranz. Lauft so, dass ihr ihn gewinnt! Wer im Wettkampf siegen will, setzt dafür alles ein. Ein Athlet verzichtet auf vieles, um zu gewinnen. Und wie schnell ist sein Siegeskranz verwelkt! Wir dagegen kämpfen um einen unvergänglichen Preis. Ich weiß genau, wofür ich kämpfe. Ich laufe nicht irgendeinem ungewissen Ziel entgegen. Wenn ich kämpfe, geht mein Schlag nicht ins Leere. Ich gebe alles für diesen Sieg und hole das Letzte aus meinem Körper heraus. Er muss sich meinem Willen fügen. Denn ich will nicht andere zum Kampf des Glaubens auffordern und selbst untauglich sein" (1. Korinther 9,24–27, Hfa).

Im Bild vom Marathonlauf ist das eigentliche Ziel Gottes neue Welt. John Bunyan schrieb im 17. Jahrhundert das Buch *Pilgerreise zur ewigen Seligkeit,* das zu einem der bekanntesten Bücher der Weltliteratur wurde und eine allegorische Darstellung des christlichen Glaubensweges war. Über die Jahrhunderte haben Christen mit der Vorstellung gelebt, dass unser Lebensweg erst gekrönt wird, wenn wir diese Welt verlassen und in die Ewigkeit eintreten. Schon in dieser Welt können wir Trost, Nähe und Hilfe von Gott erfahren, aber seine unendliche Schönheit entfaltet sich erst dort in ganzer Pracht.

Die Herrnhuter Brüdergemeine ermittelt seit 1731 in einer feierlichen Ziehung die sogenannten „Losungen" – einen Bibelvers für jeden Tag eines Jahres. Die ausgewählten Verse, die als kleines Büchlein jedes Jahr neu erscheinen, dienen vielen Christen als Tagesinspiration oder Vorlage für das tägliche Bibellesen und haben über die Jahre immer wieder inspirierend, beflügelnd, ermutigend, hinterfragend und manchmal auch korrigierend in mein Leben hineingesprochen.

Gerade in den ersten Monaten nach Saras Tod waren die Losungen für Anja und mich oft ein Trost; eine Erinnerung daran, unser jetziges Leben mit seinen tiefen Furchen in einen größeren Zusammenhang zu stellen und dem geheimnisvollen Gott nachzuspüren, der die einzige verlässliche Verbindung zu unserer Tochter darstellt, die wir momentan haben. Die Jahreslosung von 2016 sprach dabei besonders in mein Herz hinein. Ich habe sie gelesen und innerhalb von wenigen Minuten war der Song geschrieben.

Ich will euch trösten (nach Jesaja 66,13)

Ich will euch trösten
Wie eine Mutter ihre Kinder tröstet
Ich will euch trösten
Da, wo ich bin, findet ihr Trost

Ihr werdet es sehn
Euer Herz wird sich freun
Mein Frieden fließt wie ein Strom
Eure Seele wird satt
Eure Sehnsucht gestillt
Wenn ihr meinen Namen ehrt

Dass mir der Text so naheging, hing zum einen damit zusammen, dass ich in den letzten Monaten so stark wie nie zuvor auf den Trost Gottes angewiesen war. Zum anderen, weil die ganze Welt in Aufruhr zu sein scheint. Die Anschläge von Paris,

Nizza, Berlin und Stockholm, das unmenschliche Kriegstreiben in Aleppo und an anderen Orten (die uns weniger präsent sind, weil sie uns weniger zu gefährden scheinen) sind gerade aktuellere Beispiele dafür. Und auch die akute Gefährdung durch Terror, die vor unserer eigenen Haustür angekommen ist. Die Flüchtlingsthematik und die Schicksale der Menschen, die Teil unseres alltäglichen Lebens geworden sind.

Dass Gott uns trösten will, bedeutet im Umkehrschluss, dass er schmerzliche Erfahrungen und persönliche Verluste nicht von vornherein aus unserem Leben fernhält. Sie sind Teil unserer Realität, und unser Glaube beweist letztlich erst dann seine Substanz, wenn er diesen Herausforderungen standhält.

Ein Teil des Trostes liegt aber außerhalb des Hier und Jetzt. An dem Ort, wo Schmerz und Leid nicht mehr existieren, wo Selbstsucht unseren Charakter nicht mehr korrumpiert und die Liebe immer das letzte Wort behält. Wo wir unsere Lieben wiedersehen werden.

Von diesem Ort lohnt es sich zu träumen und zu schwärmen. Das heißt nicht, dass wir vor dem Leben im Hier und Jetzt flüchten. Man kann sich auf den Himmel freuen und gleichzeitig doch mit beiden Beinen im Leben stehen, inklusive des Glaubens daran, dass Gott auch in das Chaos hier schon helfend und ordnend eingreifen kann. Wer vom Ziel des Glaubens her zu denken und zu leben gelernt hat; wer damit rechnet, dass Gottes Arm nicht zu kurz ist, um auch in den Tumulten unserer Zeit einzugreifen und sich zu seinen Kindern zu stellen, wird selbst zum Hoffnungsträger und zum Botschafter für Trost und Liebe.

Ein Teil des eigenen Trostes liegt darin, selbst Tröster zu werden und mit den Trauernden zu weinen. Je schlimmer der

Schmerz ist, desto weniger helfen Worte allein. Aber Nähe, Anteilnahme und ganz praktische Hilfe werden zum verlängerten Arm Gottes hier auf Erden, in unserem Umfeld, bei den Menschen, die uns anvertraut sind. Denn Gott hat sich in seinem Trost auch an Menschen gebunden und gebraucht uns, um in seinem Auftrag zu Tröstern zu werden, wenn wir uns dazu bereit erklären und uns gebrauchen lassen.

Ich habe als Musiker schon sehr früh angefangen, über die Ewigkeit Lieder zu schreiben. Vielleicht deswegen, weil ich seit meinen Schul- und Universitätsjahren mit Konzepten konfrontiert worden bin, wie sich Menschen den Himmel auf Erden vorstellen und selbst erschaffen wollen. Angefangen von dem 1516 verfassten Buch „Utopia" von Thomas Morus, einem Schüler von Erasmus von Rotterdam, der als Urvater aller Utopien gilt, über die Werke von H. G. Wells, Ernest Callenbach und Aldous Huxley. Von „Freiheit, Gleichheit, Brüderlichkeit", den Prinzipien der Französischen Revolution, bis hin zu dem Entwurf einer gerechteren Gesellschaft, wie er sich über die Verortung des „historischen Materialismus" im kommunistischen Manifest von Karl Marx und Friedrich Engels darstellt. Und natürlich auch das Konzept von Humanismus und Demokratie in all seinen unterschiedlichen ökonomischen Spielarten und einschließlich Mehrheitsprinzip, Minderheitenschutz, Grund-, Bürger- und Menschenrechten, Religions- und Redefreiheit.

Manches fand ich sehr spannend, anderes gewöhnungsbedürftig und wieder anderes habe ich bis heute nicht verstanden. Aber alle diese Ansätze, eine gerechte Welt zu schaffen, müssen zwangsläufig fehlschlagen, solange das Grundproblem nicht aufgehoben wird.

Ich teile die Überzeugung der Bibel, dass der Mensch von Grund auf selbstzentriert und erlösungsbedürftig ist. Daran ändert jedes noch so durchdachte Gesellschaftskonstrukt nichts. Die Ur-Sehnsucht, dass es einen perfekten, gerechten Ort gibt, ist in uns allen angelegt. Ich glaube, dass diese Sehnsucht ihre Erfüllung erst finden wird, wenn wir wieder in Gemeinschaft und im Einklang mit dem Schöpfer leben. Das geschieht hier auf der Erde aber nur in Bruchstücken, denn wir sind nicht dazu in der Lage, mit unseren menschlichen Augen das Vollkommene zu sehen.

Die Ewigkeit berührn

So viele von den Fragen
Die uns nur in Träumen plagen
Existieren völlig ungelöst
So viele von den Dingen
Die uns graue Haare bringen
Nehmen wir als Schicksal hin

So viele von den Sachen
Die uns Kopfzerbrechen machen
Müssten, werden einfach ignoriert
So vielen Widersprüchen
Kommen wir nicht auf die Schliche
Akzeptiern sie lieber ungeniert, doch

Wo komm ich her, wo geh ich hin?
Wo liegt darin der tiefere Sinn?
Was kann ich tun, um zu verstehn
Warum ich bin, wie ich so bin?
Wer gibt mir Halt, was ist mein Ziel?
Sag mir, verlang ich denn zu viel?
Ich möchte wieder festen Boden spürn
Die Ewigkeit berührn

Wir eilen unsere Meilen
Denn wir können nicht verweilen
Auf der Suche nach dem reinen Glück
Wir werden nicht gescheiter
Stürmen unaufhaltsam weiter
Und verlieren uns auf dem Weg

Wir pflegen unsere Zweifel
Himmel, Hölle, Gott und Teufel
Sind uns fremd und höchst suspekt
Während wir durchs Leben hecheln
Können wir vieles nur belächeln
Was doch Sehnsucht in uns weckt

Wo komm ich her, wo geh ich hin? ...

Nur ein Mal, ein Mal innehalten
Und hinter den Vorhang sehn
Nur ein Mal durch eine kleine Spalte
Mit dem Himmel auf Tuchfühlung gehn

Es gibt einen großen Unterschied zwischen Todes- und Ewigkeitssehnsucht. Todessehnsucht ist eine lebensfeindliche Haltung und erwächst aus einem depressiven, ungesunden Geisteszustand. Sie hat nur das eine Ziel: der Trost- oder Sinnlosigkeit dieses Lebens zu entfliehen.

Ewigkeitssehnsucht nährt sich aus dem Gedanken, dass es einen Ort gibt, der unsere Sehnsüchte erfüllen kann wie kein zweiter, und dass unser Leben hier nur ein Durchgangsstadium mit begrenzter Dauer ist. Deswegen ist sie für mich auch kein billiger Trost und Ausdruck eines Fluchtgedankens, sondern einer begründeten Hoffnung, die einen elementaren Bestandteil des christlichen Glaubens bildet.

Ewigkeitssehnsucht bedeutet im Umkehrschluss nicht, dass wir von diesem Leben nichts mehr zu erwarten oder keine Aufgabe mehr zu erfüllen haben. Im Gegenteil: Eine der ersten Fragen, die ich mir nach unserem Unfall gestellt habe, war die, warum Sara sterben musste, die doch ihr ganzes Leben noch vor sich hatte, während ich nur wenige Zentimeter entfernt auf dem Vordersitz vor ihr saß und fast unversehrt geblieben bin. Als jemand, der schon einen guten Teil seines Lebens gelebt hat.

Ich hab es schon gesagt: Ich hätte jederzeit mit ihr getauscht. Und folglich stellt sich mir unweigerlich die Frage, ob ich hier auf der Erde noch eine Aufgabe wahrzunehmen habe, die zu meiner Bestimmung gehört. Martin Luther, dessen 500-jähriges Reformations-Jubiläum wir 2017 feiern, hätte dazu gesagt: *„Wenn ich wüsste, dass morgen die Welt untergeht, würde ich heute noch ein Apfelbäumchen pflanzen."* Mich beeindrucken das Zitat und die damit verbundene Einstellung – es ist eine nötige Ergänzung zu der Ewigkeitssehnsucht, die ich seit Saras Tod so stark in meinem Herzen trage wie nie zuvor.

2013 haben wir auf unserer USA-Reise auch ein paar Tage in Palm Springs verbracht, einem kleinen Städtchen am Rande der Wüste mit ganz vielen Windrädern. Es war mitten im Sommer, das Thermometer zeigte deutlich über 40 Grad im Schatten an, und das Licht hatte dadurch etwas Flackerndes, fast Surreales. Und plötzlich floss dieses Lied aus mir heraus:

Das Schiff

Das Leben ist eine Insel im Ozean der Zeit
An der sich Wellen brechen voll Unermüdlichkeit
An Felsen und am Ufer, auf Steinen und auf Sand
Die wilde Brandung flutet im Sturm das ganze Land

Mit einer Kraft und Urgewalt
Die die Erkenntnis bringt
Dass diese grüne Insel einst
Im Strom der Zeit versinkt
Ja, im Strom der Zeit versinkt

In Mythen und Legenden hört man von einem Schiff
Es kommt, um uns zu holen, umrundet jedes Riff
Es scheut nicht die Gezeiten, es trotzt auch Sturm und Nacht
Es hat schon viele Menschen in Sicherheit gebracht

Doch mit dem bloßen Auge
Ist es für uns nicht zu sehn
Denn es braucht kindliches Vertrauen
Um dort an Bord zu gehen
Ja, um dort an Bord zu gehn

Es ist nicht stolz und prunkvoll, doch es ist zeitlos schön
Kein Mensch auf dieser Erde hat Schöneres gesehen
Es segelt durch die Zeiten, es segelt hart am Wind
Es wird erst wieder ankern
Wenn wir zu Hause angekommen sind
Wenn wir zu Hause angekommen sind

Ich komme aus einer liturgischen Tradition, in der vor dem Abendmahl gemeinsam diese Worte gesprochen werden: „Es komme die Gnade und es vergehe diese Welt. Maranatha, unser Herr, komm!" Seit meinen Teenagerjahren habe ich in Gottesdiensten diesen Satz mitgesprochen. Manchmal in der entschärften Variante „Maranatha, unser Herr kommt", wenn mir mal wieder Manfred Siebalds Liedzeile in den Sinn kam: *Wir beten laut: „Herr, komm doch wieder", und denken leise: „Jetzt noch nicht."* Aber immer im Bewusstsein, dass es einen Ort von atemberaubender Schönheit gibt, der sich noch meiner Kenntnis entzieht und der alles in den Schatten stellt, was ich an Schönem in diesem Leben sehen kann.

Ich werde nie den Tag vergessen, an dem auf meinem Handy eine mir nicht bekannte Nummer aufleuchtete. Sie gehörte zu einem Familienvater, der gerade nach längerem Ringen seinen Sohn an Leukämie verloren hatte. Damals hatte ich noch keinen blassen Schimmer davon, wie schrecklich sich der Verlust des eigenen Kindes anfühlt. Aber es erfüllte mich mit Ehrfurcht, als er mir erzählte, dass sein Sohn in den letzten zwei Wochen seines Lebens das folgende Lied in Dauerschleife gehört hat. Es war für ihn ein Ausdruck all der Hoffnung, die er trotz seines jungen Alters schon fest in sich trug. Und die ihm den Übergang von dieser in die zukünftige Welt erleichterte.

Alle Not wird vergessen sein (nach Jesaja 65,16-23)

Alle Not wird vergessen sein
Denn der Herr bereitet ihr ein Ende
Wenn er kommt, macht er alles neu
Nichts wird mehr wie früher sein

Er schafft einen neuen Himmel
Er schafft eine neue Erde
Dann sehnt sich niemand mehr zurück
Nach dem, was früher einmal war
Es gibt kein Weinen und kein Klagen
Denn Gott schafft eine Stadt der Freude
Und bis zum Ende aller Zeit
Herrscht unser Gott in Herrlichkeit

Und wir erwarten den Tag
Den Tag, an dem du kommst, o Herr
Ja, wir erwarten den Tag
Den Tag, an dem du wiederkommst
Und uns zu dir holst, nach Hause holst

Seit dem Ende der 90er-Jahre habe ich meine ersten ernsthaften Gehversuche als Musikproduzent unternommen und war gut beraten, in diesen ersten Jahren mit besonders erfahrenen Musikern zusammenzuarbeiten, um meinen Mangel an Erfahrung durch starkes Teamwork auszugleichen. Teil eigentlich jeder Produktion war damals Bernd-Martin, der nicht nur wunderbar Piano und Cello spielte, sondern auch herausragend gut Backing Vocals arrangieren konnte. Darüber hinaus machte es einen Riesenspaß, mit ihm Zeit zu verbringen, weil er mit seinem ausgeprägten Humor und seiner Liebe für Fußball ganz auf meiner Wellenlänge lag.

Umso trauriger war die völlig unvermittelte Nachricht, dass er an Bauchspeicheldrüsenkrebs erkrankt war. Ich habe wie so viele seiner Musikerkollegen intensiv um Heilung gebetet, aber der Verlauf der Krankheit ließ nichts Gutes erwarten. Nie werde ich das Benefiz-Konzert zu seinen Ehren in Herne vergessen, bei dem eine Vielzahl von Musikerkollegen auftraten, um Bernd-Martin, seiner Frau Thea (die ich schon an früherer Stelle in diesem Buch erwähnt habe) und ihren damals erst zwei und fünf Jahre alten Jungs jede Form von moralischer und sonstiger Unterstützung zukommen zu lassen, die sie leisten konnten.

Wie Bernd-Martin bei der ProChrist-Veranstaltung 2003 von dem Wunsch in seinem Herzen erzählte, die ihm verbleibende Zeit auf dieser Erde zu nutzen, um anderen Menschen von Gott zu erzählen, werde ich nie vergessen[14]. Und die wunderbare Hymne „Wohin sonst" der Band *Layna*, in der Bernd-Martin und Thea mitwirkten, verknüpft sich für immer mit der inneren Kraft von Bernd-Martin. Wenige Monate nach ProChrist ist er gestorben und am Abend vor seiner Beerdigung habe ich diesen Text aus Psalm 73,23–28 vertont und meinem wunderbaren Kollegen gewidmet:

---

14 Das Video von diesem Moment kann man hier finden: https://www.youtube. com/watch?v=54Ta8e_eukw

Ich bleib bei dir

Ich bleib bei dir, denn du hältst mich
Immer an deiner Hand
Du leitest mich nach deinem Rat
Nimmst mich im Tod mit Ehren an

Und wenn mir Leib und Seele stirbt
Bist du doch allezeit mein Gott
Und meines Herzens Trost und Teil

Denn das ist meine Freude
Dass ich mich zu dir halte, mein Gott
Und meine Hoffnung setz
Auf deine Herrlichkeit

Ja, das ist meine Freude
Ich frage nicht nach Himmel und Erde
Wenn ich dich nur hab
Wenn ich mit dir verbunden bin

Einige Jahre später bin ich auf das 21. Kapitel der Offenbarung des Johannes gestoßen. Vor allem die Verse 3–4 und 22–23 haben mich so fasziniert, dass daraus dieses Lied entstand:

Wo du wohnst

Wo du wohnst, scheint kein Mond
Und keine Sonne zeigt ihr Gesicht
Doch du selbst strahlst viel heller

So viel klarer leuchtet dein Licht
Herrlicher als der reinste Edelstein
Nichts ist so schön, wie nah bei dir zu sein
Wo du wohnst, scheint kein Mond
Und keine Sonne, doch heller strahlt dein Licht

Wo du wohnst, da verblassen
Leid und Sorgen, der Tod ist vorbei
Und du selbst wischst die Tränen
Von den Augen, dann sind wir frei
All unsere Sehnsucht wird gestillt bei dir
Selbst unser schönster Traum erfüllt sich hier
Wo du wohnst, da verblassen
Leid und Sorgen, doch Leben finden wir

Wo du wohnst, ist das Ziel
Von unserer Reise, die Heimat ist dort
Unermessliche Freude und Erfüllung an diesem Ort
Sehnsüchtig warten wir, dich dort zu sehn
Ganz unverhüllt vor unserm Gott zu stehn
Wo du wohnst, ist das Ziel
Von unserer Reise, die Heimat ist schon dort

Mit einem anderen Lied habe ich ganz unmittelbar versucht, den Verlust meines Onkels zu verarbeiten. Die Geschehnisse im September 2014 waren leider nicht der erste Autounfall mit tödlichen Folgen, den wir in unserer Familie zu beklagen hatten. Thomas, der Bruder meines Vaters, war 2005 mit Frau und Kind im französischen Marseille unterwegs, als sein Auto mit einem Motorrad kollidierte. Seine Angehörigen wurden schwer verletzt ins Krankenhaus eingeliefert, für meinen Onkel aber kam jede Hilfe zu spät.

Wir waren entsetzt und fassungslos, als wir von dem tragischen Ereignis hörten, und ich habe das Gefühl nicht vergessen, dass das Leben an einem seidenen Faden hängt. Dass wir der Spanne unseres Lebens keinen Zentimeter hinzufügen können.

Fliegen

Ich lasse meine Sicherheiten los bei dir
Ich hab ja gar nichts in der Hand
Wo sonst kann ich denn sicher sein im Jetzt und Hier
Bin wie ein Korn im Wüstensand

Das Leben ist ein Wimpernschlag
Und jeder neue Frühlingstag
Ist schon ein Bote deiner Welt
Komm, zeig mir, was dort zählt

Denn ich will fliegen, fliegen
Ich will die Größe deines Reiches sehn
Ich will fliegen, fliegen
Dort, wo deine heil'gen Winde wehn
Weit hinauf

Bevor mein Kartenhaus ganz auseinanderfällt
Tausch ich es für die Freiheit ein
Schenk mir doch bitte einen Blick in deine Welt
Ich mach dich jetzt noch viel zu klein

Doch ich will deine Wunder sehn
Nicht ahnungslos danebenstehn
So hoch, so tief, so endlos weit
Ist deine Herrlichkeit

Und ich will fliegen ...

Im März 2016 bin ich zum ersten Songwritertreffen für das neue „Feiert Jesus"-Liederbuch ins vom CVJM geführte Schloss Unteröwisheim gefahren. Es war die erste Zusammenkunft dieser Art für ein Songbuch-Projekt, und ich war daher sehr gespannt, wie wir die Tage füllen würden und mit welchen Kollegen ich an gemeinsamen Songs arbeiten würde.

Vom ersten Tag an war die Atmosphäre entspannt und sehr kreativ und viele schöne Lieder sind in unserer gemeinsamen Zeit entstanden. Der emotionale Höhepunkt war für mich aber der Morgen des dritten Tages.

Albert hielt eine kleine Andacht in der wunderschönen Schlosskapelle, um uns auf das kreative Schreiben einzustimmen. Nach wenigen Augenblicken schweifte ich aber ab – nicht etwa, weil Alberts Ausführungen so langatmig gewesen wären. In meinem Kopf war auf einmal nur noch Platz für den Gedanken, dass Sara in der kurzen Zeit, seit der sie nun weitergezogen ist, schon so viel mehr von Gott und der Schönheit seiner neuen Welt gesehen und verstanden hat als ich in den mehr als 30 Jahren, in denen ich mich als Christ bezeichnete, Gottesdienste besuchte, Lieder schrieb und Hunderte von kirchlichen Veranstaltungen mitgestaltete. Dass uns so vieles von Gottes Wesen und Wegen hier noch verborgen bleibt, weil wir nur kleine Ausschnitte sehen können und noch nicht das ganze Bild.

Und dann flossen die Worte nur so in meinen Computer – es war, als würden mir die drei Verse und der Chorus von oben diktiert. Seit vielen Jahren halte ich Songwriting-Seminare, und jeder, der einmal an einem solchen Workshop von mir teilgenommen hat, wird sich vermutlich an einen meiner Lehrsätze erinnern: *Songwriting is 10% inspiration and 90% perspiration – Songwriting besteht nur zu 10% aus spontaner Inspiration. 90% bestehen aus Schweiß und harter Arbeit, um aus dem Kerngedanken oder der einen ganz brauchbaren „Ohrwurm"-Zeile wirklich einen ausgereiften, guten Song zu machen.*

Ich würde das grundsätzlich auch weiter so vermitteln, aber Ausnahmen bestätigen bekanntlich die Regel, und in diesem Moment war es ganz anders. Ich hörte nicht nur den Text, sondern auch die Musik dazu einschließlich des Gitarren-Intros in meinem Kopf, und als die Andacht vorüber war und ich in meiner Songwriting-Gruppe für den Vormittag saß, habe ich ihnen aus dem Stand das fertige Stück vorgespielt. Man sagt, dass manche Songs in der Atmosphäre herumfliegen und unsere Aufgabe nur darin besteht, sie einzufangen. So etwas hatte ich nun selbst erlebt, und es war ein besonderer und durch und durch heiliger Moment für mich.

Nur einen Moment

Wenn ich nur einen Moment
In deine Augen blicken könnte
Klar wie frisches Wasser, tiefer als das Meer
Einen Moment in diese Augen blicken könnte
Ich würde mich in dir verliern

Wenn ich nur einen Moment lang
Deine Hände fassen könnte
Hände voller Liebe, ausgestreckt zu uns
Einen Moment lang diese Hände fassen könnte
Ich würd die Ewigkeit berühr'n

Du hast ein Herz aus reinem Gold
Und alle Zeit steht bei dir still
Ich kann nur staunend vor dir stehn
Um anzubeten

Du hast ein Herz aus reinem Gold ...

Wenn ich nur einen Moment lang
Deinen Herzschlag hören könnte
So wie die Gezeiten, stetig und schwer
Einen Moment lang deinen Herzschlag hören könnte
Ich würd den Puls des Lebens spürn

Umfrageergebnis „Leben nach dem Tod"[15]

Was von dem Folgenden glauben Sie am meisten?
Nach dem Tod ...

	Total	Region		Geschlecht	
		West	Ost	M	W
Basis (=100%)	1007 %	829 %	178 %	494 %	513 %
Glaube an Leben nach dem Tod:	**48**	**51**	**35**	**41**	**55**
lebt die Seele als Teil von etwas Größerem weiter	19	19	18	14	24
trifft man im Jenseits seine Lieben wieder	16	17	8	10	21
kommen die einen in den Himmel, die anderen in die Hölle	7	8	6	9	6
wird man in einem anderen Lebewesen wiedergeboren	6	7	2	8	5
kommt nichts mehr	42	39	57	49	35
nichts davon	5	5	6	5	6
weiß nicht, keine Angabe	4	5	2	5	4
Summe	100	100	100	100	100

Befragungszeitraum: 19.01.–21.01.2016

15 Quelle: http://static.evangelisch.de/get/?daid=47Y0NwNewRUsb5cUeAI4knbN 00137325&dfid=download

Alter					Schulbildung der Befragten			
14–29 Jahre	30–39 Jahre	40–49 Jahre	50–59 Jahre	60+ Jahre	Volks-/ Haupt- schule	mittl. Bild. Absch	Abi, Uni	Schüler
209 %	**137** %	**184** %	**172** %	**305** %	**386** %	**298** %	**278** %	**45** %
64	58	50	43	35	43	46	56	61
18	27	24	15	15	13	23	23	18
26	14	11	15	12	15	10	22	17
13	8	7	5	4	9	4	7	20
8	9	8	7	3	6	10	4	6
33	34	42	46	49	44	46	35	39
2	5	5	7	8	8	5	4	–
0	3	4	4	8	5	3	5	–
100	100	100	100	100	100	100	100	100

Umfrageergebnis „Leben nach dem Tod"[16]

Was von dem Folgenden glauben Sie am meisten?
Nach dem Tod ...

	Total	Berufstätigkeit des Befragten		Personen i. Haushalt	
		ja	nein	1 Pers.	2 Pers.
Basis (=100%)	1007 %	561 %	446 %	229 %	381 %
Glaube an Leben nach dem Tod:	**48**	**51**	**45**	**41**	**43**
lebt die Seele als Teil von etwas Größerem weiter	19	23	14	17	19
trifft man im Jenseits seine Lieben wieder	16	16	16	9	16
kommen die einen in den Himmel, die anderen in die Hölle	7	3	12	8	4
wird man in einem anderen Lebewesen wiedergeboren	6	9	3	7	3
kommt nichts mehr	42	40	45	44	47
nichts davon	5	5	5	10	5
weiß nicht, keine Angabe	4	4	5	6	5
Summe	100	100	100	100	100

Befragungszeitraum: 19.01.–21.01.2016

---

16 Quelle: http://static.evangelisch.de/get/?daid=47Y0NwNewRUsb5cUeAI4knbN
00137325&dfid=download

3 Pers.	4+ Pers.	Haushaltseinkommen (Euro)						
		- u. 1.000	1.000 - u. 1.500	1.500 - u. 2.000	2.000 - u. 2.500	2.500 - u. 3.000	3.000 - u. 3.500	3.500 +
177 %	**220** %	**98** %	**105** %	**126** %	**131** %	**107** %	**75** %	**234** %
61	**56**	**56**	**38**	**39**	**49**	**40**	**55**	**57**
21	19	23	8	11	18	24	17	25
17	20	8	17	17	14	12	32	15
11	9	19	6	5	8	1	5	8
11	7	6	7	6	10	3	1	10
36	38	34	50	54	35	55	32	38
2	3	5	8	5	12	1	6	3
1	3	5	4	3	4	4	6	3
100	100	100	100	100	100	100	100	100

NACHWORT

Mein Sohn hat mich relativ zum Ende dieses Buchprojektes gefragt, warum ich es eigentlich schreibe und damit meine Seele und meine innersten Empfindungen auf den Präsentierteller lege – und die meiner Familie gleich mit. Ich finde die Frage sehr berechtigt, und als ich versuchte, ihm darauf eine sinnvolle Antwort zu geben, habe ich den Entschluss gefasst, diese Überlegungen an das Ende des Buches zu stellen.

In einem früheren Kapitel habe ich schon geschrieben, dass Rick Warren die Aufgabe, anderen Menschen in ihrem Leid beizustehen, als eine der Phasen der Trauerverarbeitung beschreibt. Nicht im Sinne eines linearen Verlaufes, in dem man damit bei der letzten Stufe angekommen ist, sondern als einen wichtigen Bestandteil des gesamten Prozesses, der uns hilft, nicht auf die eigene Verlusterfahrung fixiert zu bleiben. Ich kann so mit anderen trauernden Menschen in den Dialog treten, die nicht selten sprachlos sind, keine Worte für ihren Schmerz finden und sich dadurch noch isolierter und einsamer fühlen.

Den Gedanken, unser Unfall und der damit verbundene Verlust unserer Tochter könnte dazu instrumentalisiert werden, dass dadurch irgendetwas Gutes in unserem Leben oder dem von anderen Menschen geschieht, finde ich geradezu pervers. In anderen Worten: Der Unfall ist nicht passiert, damit Menschen Trost aus unserer Geschichte ziehen können, und ich glaube nicht, dass für Gott der Zweck die Mittel heiligt. Ich verstehe unseren Verlust immer noch nicht, ich finde ihn falsch und viel zu früh. Ich ringe noch immer damit, dass ich ihn hätte verhindern können. Ab und an ringe ich auch damit, dass Gott ihn hätte verhindern können, es aber offensichtlich vorgezogen hat, das nicht zu tun.

Doch ich kann mit dem Satz leben, dass die Folgen eines solchen Verlustes zu etwas gut sein können. Dass eine unübersehbare Botschaft der Hoffnung von dem Umstand ausgeht, dass eine Familie durch einen solchen Verlust bis aufs Mark durchgeschüttelt wird, aber nicht daran zerbricht. Es ist für mich jedoch undenkbar, dass ich aus dem Schreiben über die Folgen von Saras Tod einen persönlichen Vorteil ziehe. Aus diesem Grund haben meine Frau und ich in der Entstehungsphase dieses Buches und der begleitenden CD die Entscheidung getroffen, dass alle Gewinne aus den beiden Projekten dem von unserer Familie ins Leben gerufenen „Sara Projekt" für benachteiligte und traumatisierte Kinder von WORLD VISION zu Gute kommen werden. Von den 65 Millionen Menschen, die im Jahr 2017 auf der Flucht sind, sind mehr als 50% Kinder. Was sie bereits in jungen Jahren durchleiden, sollte kein Kind erleben müssen. Meine Frau und ich wollen mit dem Andenken unserer Tochter Sara dafür einstehen, dass solche Kinder die Chance auf eine lebenswerte Zukunft haben. Mehr Informationen unter www.arnekopfermann.de oder www.worldvision.de/saraprojekt.

Ich gebe in diesem Buch einen viel persönlicheren Einblick in meine ganz eigene Welt der Trauer, Verarbeitung und Veränderung, als ich es zunächst geplant hatte. Viele Worte sind einfach aus mir herausgeflossen, und ich wollte sie nicht wieder löschen, weil sie jetzt fest zu mir gehören. Damit jemand, der selbst durch krasse Verlusterfahrungen hindurchgehen muss, dafür aber keine Worte findet, ein paar Gedanken geliehen bekommt. Damit jemand, der als Freund oder Kollege einen Trauernden begleitet, nicht mehr ganz so hilflos davorsteht, weil er nun vielleicht eine Ahnung gewonnen hat, was in diesem Menschen vorgeht. Damit Gemeinden, denen ein ehrlicher und seelsorgerlicher Umgang mit Schmerz und Zerbruch, Verlust und Tod eher noch fremd ist, ihre Linie vielleicht überdenken und zu Orten des Trostes und der Annahme werden. Und weil sich der alte Satz für mich bewahrheitet hat: Was auch immer in meinem Leben passiert, ich kann nicht tiefer fallen als in Gottes Hand.

RECHTENACHWEIS DER LIEDER
(in der Reihenfolge des Abdrucks)

Dann seh ich dich
Text & Musik: Arne Kopfermann
© 2017 SCM Hänssler, Holzgerlingen

Ich halt dich fest
Text & Musik: Arne Kopfermann
© 2017 SCM Hänssler, Holzgerlingen

Ich bin bei dir
Text & Musik: Arne Kopfermann
© 2011 Basement Groove Publishing,
admin. by Gerth Medien, Asslar

Du bist Gott, wir sind es nicht
Text: Arne Kopfermann
Musik: Florian Sitzmann
© 2017 SCM Hänssler, Holzgerlingen

Wenn ich nur Worte hätte
Text & Musik: Arne Kopfermann
© 2012 Basement Groove Publishing,
admin. by Gerth Medien, Asslar

Das ist Liebe für mich
Text & Musik: Arne Kopfermann
© 2015 Basement Groove Publishing,
admin. by Gerth Medien, Asslar

Nur eine kleine Sache
Text & Musik: Arne Kopfermann
© 2010 Basement Groove Publishing,
admin. by Gerth Medien, Asslar

Wir werden uns wiedersehn
Text: Arne Kopfermann & Markus Kohl
Musik: Markus Kohl
© 2014 SCM Hänssler, Holzgerlingen

Aufbruch in ein unbekanntes Land
Text & Musik: Arne Kopfermann
© 2013 Basement Groove Publishing,
admin. by Gerth Medien, Asslar

Lichter auf dem Weg
Text: Arne Kopfermann
Musik: Florian Sitzmann
© 2017 SCM Hänssler, Holzgerlingen

**Worte, die nichts kosten
(Alles hat seine Zeit)**
Text & Musik: Arne Kopfermann
© 2017 SCM Hänssler, Holzgerlingen

Breite deine Flügel aus
Text & Musik: Arne Kopfermann
© 2008 Basement Groove Publishing,
admin. by Gerth Medien, Asslar

Über dem Meer
Text & Musik: Arne Kopfermann
© 2002 Basement Groove Publishing,
admin. by Gerth Medien, Asslar

Dies ist ein Lied
Text & Musik: Arne Kopfermann
© 2017 SCM Hänssler, Holzgerlingen

Wie der Schnee
Text & Musik: Arne Kopfermann
© 2010 Basement Groove Publishing,
admin. by Gerth Medien, Asslar

Wenn alles gesagt ist
Text & Musik: Arne Kopfermann
© 2015 SCM Hänssler, Holzgerlingen

Gott macht sich zu uns auf
Text & Musik: Arne Kopfermann
© 2014 Basement Groove Publishing,
admin. by Gerth Medien, Asslar

Weiter Weg
Text & Musik: Arne Kopfermann
© 2013 Basement Groove Publishing,
admin. by Gerth Medien, Asslar

**Der Sturm ist jetzt vorbei
(Es tut mir leid)**
Text & Musik: Arne Kopfermann
© 2015 Basement Groove Publishing,
admin. by Gerth Medien, Asslar

Wer ohne Schuld ist
Text & Musik: Arne Kopfermann
© 2003 Basement Groove Publishing,
admin. by Gerth Medien, Asslar

Dieses Kreuz
Text & Musik: Arne Kopfermann
© 2008 Basement Groove Publishing,
admin. by Gerth Medien, Asslar

So ist deine Liebe
Text: Arne Kopfermann
Musik: Arne Kopfermann & Dania
König
© 2014 SCM Hänssler, Holzgerlingen

Für dich und mich
Text & Musik: Arne Kopfermann
© 2017 SCM Hänssler, Holzgerlingen

Schönheit aus der Asche
Text & Musik: Arne Kopfermann (nach
Herbert Sack, 1902–1943)
© 2017 SCM Hänssler, Holzgerlingen

Ich berge mich
Text: Arne Kopfermann &
Christina Brudereck
Musik: Arne Kopfermann
© 2015 SCM Hänssler, Holzgerlingen

Das, was ich tun will
Text & Musik: Arne Kopfermann
© 2013 Basement Groove Publishing,
admin. by Gerth Medien, Asslar

Wie weit würd ich gehen?
Text: Arne Kopfermann &
Benjamin Heinrich
Musik: Arne Kopfermann
© 2017 SCM Hänssler, Holzgerlingen

Du weißt
Text: Arne Kopfermann &
Christina Brudereck
Musik: Arne Kopfermann
© 2017 SCM Hänssler, Holzgerlingen

Wir bitten
Text: Arne Kopfermann &
Doris Kunselman
Musik: Arne Kopfermann
© 2012 Basement Groove Publishing,
admin. by Gerth Medien, Asslar

Zeichne Dein Bild (Offenbare dich)
Text & Musik: Arne Kopfermann
© 2017 SCM Hänssler, Holzgerlingen

Ich will Euch trösten
Text & Musik: Arne Kopfermann
© 2015 SCM Hänssler, Holzgerlingen

Die Ewigkeit berühm
Text & Musik: Arne Kopfermann
© 2013 Basement Groove Publishing,
admin. by Gerth Medien, Asslar

Das Schiff
Text & Musik: Arne Kopfermann
© 2013 Basement Groove Publishing,
admin. by Gerth Medien, Asslar

Alle Not wird vergessen sein
Text & Musik: Arne Kopfermann
© 1999 Basement Groove Publishing,
admin. by Gerth Medien, Asslar

Ich bleib bei dir
Text & Musik: Arne Kopfermann
© 2005 Basement Groove Publishing,
admin. by Gerth Medien, Asslar

Wo du wohnst
Text & Musik: Arne Kopfermann
© 2008 Basement Groove Publishing,
admin. by Gerth Medien, Asslar

Fliegen
Text & Musik: Arne Kopfermann
© 2008 Basement Groove Publishing,
admin. by Gerth Medien, Asslar

Nur einen Moment
Text & Musik: Arne Kopfermann
© 2016 SCM Hänssler, Holzgerlingen

DANK

Ich habe in diesem Buch schon sehr viel über Dankbarkeit geschrieben. Oft machen uns erst die tiefsten Täler deutlich, wie sehr wir auf die Liebe, Freundschaft, Ermutigung und Wertschätzung unserer Familie, Freunde, Kollegen und auch von Gott angewiesen sind.

Sara: Du wirst immer mein kleines Mädchen und meine wilde Prinzessin bleiben. Du hast so viel Freude in mein Leben gebracht und wirst mir fehlen, bis wir uns wiedersehen.

Tim: Es tut mir unendlich leid, wie viel Schmerz unser Unfall auch in dein Leben gebracht hat. Ich möchte, dass du immer weißt, dass ich auch um dich so getrauert hätte – und so dankbar bin, dass es dich gibt! Du bist mein Sohn, den ich von Herzen liebe. Danke, dass du dem Leben mit Trotz und Mut entgegen gehst.

Anja: Ich habe im Buch schon alles gesagt. Du bist und bleibst die Liebe meines Lebens, durch die guten und die schlechten Zeiten.

Maren: Was du für unsere Familie seit vielen Jahre bedeutest, kann ich nicht in Worte fassen. Unsere Welt wäre so viel ärmer ohne dich.

Vati & Mutti, Hilmar & Helga, Dirk & Merle, Petra & Sabri: Danke, dass ihr wie selbstverständlich da wart, als wir am meisten darauf angewiesen waren.

Dr. Ebner: Die Gespräche über zwei Jahre mit Ihnen waren lebensrettend. Ich kann Ihnen dafür nicht dankbar genug sein.

Dr. Krüger: Vielen Dank dafür, dass Sie mir mit unermüdlichem Einsatz alle verfahrensrelevanten Themen abgenommen haben. Ich weiß nicht, wie ich diesen Teil ohne Ihre hochprofessionelle Hilfe hätte meistern sollen.

Johannes, Pee, Vaubi, Judith, Jeannie, Jörg, Wencke, Birgitt, Anja, Markus, Ralf M., Hannes, Peter und alle anderen ehemaligen Kollegen der Gerth-Familie: Wir teilen so viel miteinander, danke, dass ihr euch unser Schicksal so sehr aufs Herz genommen habt.

Karo: Ich kann dir für deine unendlich wertvollen Verbesserungen beim Lektorat dieses Buches nicht genug danken!

Joachim, Martin, Katharina, Uli und alle Kollegen von SCM Hänssler: Ihr seid nicht nur tolle Unterstützer meiner Arbeit, sondern mir schon in kurzer Zeit sehr ans Herz gewachsen!

Ami: Du bist eine wahre Künstlerin und hast uns über die Arbeit hinaus an vielen Stellen selbstlos unter die Arme gegriffen. Danke!

Sergej: Danke, dass du mir mit dem Herzen zugehört und dann Fotos gemacht hast, wie sie ausdrucksstärker nicht hätten sein können.

Joy: Herzlichen Dank für dein engagiertes Mitdenken und deine wertvollen Anregungen in der finalen Schreibphase des Buches.

Konstantin & Antonia, Marlis & Rainer, Toby & Andrea, Jörn & Kate, Frank, Karen & Sanne, Volker, Evelyn, Fiona & Janna, Matzi & Julia, Katharina, Markus & Ana, Ecki & Christina, Matti & Anni, Alex & Katrin, Lars, Christiana, Jens & Coralie, Christina & Jens, Nicki & Heiri, Florian & Marion, Claas & Denise, Sven, Louisa, Naomi & Mike, Patrick & Caroline, Christoph & Katharina, Steve & Doris, Tanja & Matthias, Jakob & Julia, Nicole & Holger, Martin & Carolin, Gaetan & Huyain, Ralf & Manu, Hendrik & Ela, Christina & Ben, Dania, Peter & Ortrun, Daniel & Judith, Lars & Uta, Martin & Rahel, Fabian & Miriam, Jürgen & Antje, Frauke, Roger & Gesa, Margit, Klaus, Marc, Daniel, Dave, Andie, Ralf, Anja, Michael, Chris, Anderle, Gregor, Tillmann & Ute, Michael & Oliver, Patrick, Andi, Winnie, Albert & Andrea, Michael & Alexandra, Michael & Linda, Kenneth & Judith, Martin, Manuel, Sefora, Hemi, Frieder & Ruth, Daniel, Markus, Matthias, Julia, Simon, Zsolt, die „Männerselbsthilfegruppe", Klaus, Benjamin, Samuel, Sammy, Klaus-André, Hans-Werner & Ruth, Isabelle, Marzia: Ihr seid wunderbare Freunde, Nachbarn, Kollegen und Wegbegleiter auf so vielen Ebenen. Danke für eure anhaltende Ermutigung und den Beistand in den schwersten Jahren unseres Lebens.

SOLI DEO GLORIA,
SOLUS CHRISTUS,
SOLA SCRIPTURA,
SOLA FIDE,
SOLA GRATIA.

Der Verlag weist ausdrücklich darauf hin, dass im Text
enthaltene externe Links nur bis zum Zeitpunkt
der Buchveröffentlichung eingesehen werden konnten.
Auf spätere Veränderungen hat der Verlag keinerlei Einfluss.
Eine Haftung des Verlags für externe Links ist stets ausgeschlossen.

Die Bibelzitate wurden, sofern nicht anders angegeben,
den folgenden Bibelübersetzungen entnommen:

Lutherbibel, revidierter Text 1984, durchgesehene Ausgabe
© 1999 Deutsche Bibelgesellschaft, Stuttgart

Außerdem wurden folgende Übersetzungen verwendet:

Hoffnung für alle®, © 1983, 1996, 2002 by Biblica, Inc.®
Verwendet mit freundlicher Genehmigung des
Herausgebers Fontis – Brunnen Basel

Einheitsübersetzung der Heiligen Schrift,
© 1980 Katholische Bibelgesellschaft, Stuttgart (EÜ)

Gute Nachricht Bibel, revidierte Fassung, durchgesehene Ausgabe,
© 2000 Deutsche Bibelgesellschaft, Stuttgart (GN)

Auszüge aus Timothy Keller: *Gott im Leid begegnen*
(Brunnen Verlag Gießen, 2015) mit freundlicher Genehmigung.
www. Brunnen-Verlag.de

© 2017 Gerth Medien GmbH, Dillerberg 1, 35614 Asslar

1. Auflage 2017
Bestell-Nr. 817237
ISBN 978-3-95734-237-9

Umschlaggestaltung: Ann-Marie Falk • www.hallobuerobuero.de
Umschlagfoto: Sergej Falk • www.sergejfalk.com
Satz: Uhl + Massopust, Aalen
Druck und Verarbeitung: GGP Media GmbH, Pößneck
Printed in Germany

www.gerth.de